KB272870

인터넷 부동산 서비스

인터넷 부동산 서비스

| 최민섭 |

한국학술정보(주)

오늘날 인터넷과 정보통신기술의 발달로 디지털 문화가 이미 사회 전반에 깊숙이 자리잡고 있다. 부동산 시장에서도 인터넷이 중요한 정보의 매개체로서 부동산 정보 소비자들에게 24시간 다양한 종류의 부동산 정보 서비스를 제공하고 있다. 인터넷이 대중화되기 이전의 부동산 유통시장에서는 부동산 정보의 취득 비용이 매우 높았고 해당 부동산의 권리관계 파악 및 현장방문을 위한 시공간의 제약이 많았다. 인터넷 부동산 서비스 시장의 등장으로 정보의 비대칭성이 상대적으로 상당 부분 해소되었으며 부동산 정보 취득을 위한 시간과 비용도 많이 절감되었다. 또한 인터넷의 커뮤니티 공간을 통해 부동산 정보 소비자들끼리 서로 정보를 공유하고 나눔으로써 부동산 유통시장에서 소비자 중심의 새로운 시장 영역을 형성하였고 그 영향력은 날로 커지고 있는 것이 현실이다.

그러나 이러한 인터넷 부동산 서비스 시장의 외적 성장에 반해 인터넷 부동산 서비스에 대한 평가기준이나 평가척도의 개발은 시장의 성장속도에 비해 훨씬 느리게 진행되어 왔거나 전무한 상태이다. 따라서 이 책은 치열한 경쟁 상황 속에서 인터넷 부동산 서비스 업체들이 생존하고 지속가능한 성장을 하기 위해 인터넷 부동산 서비스가 이용자인 소비자의 눈에 어떻게 비춰지고 있으며 또한 어떻게 평가되고 있는가를 파악하기 위해 만들었다. 이를 위해 프로그램화된 인터넷 설문조사를 통해 과학적인 평가척도를 개발하고 각각의 관련 변수들 간에 어떤 인과관계가 있는지를 분석한 다음 전략적 마케팅 시사점을 도출하였다. 그리고 이를 통해 인터넷 부동산 정보 소비자들에게 가치 있는 부동산 정보를 효율적이고 효과적으로 전달하는 데 기여하고자 한다.

이 책이 탄생하기까지 많은 분들의 도움이 있었다.

먼저 부족한 저에게 대학원 석, 박사 지도교수로서 부동산학의 학문적 뿌리를 심어주시고 늘 격려해 주시는 조주현 건국대학교 부동산학과 교수님께 깊은 감사를 드린다. 그리고 본 연구 내용의 질을 높이기 위해 저에게 많은 가르침을 주신 동 대학교 신종칠 교수님께 이 자리를 빌려 감사의 말씀을 전하고 싶다. 또한 심사 과정에서 논문의 완성도를 높이기 위해 많은 지도를 해 주신 건국대학교 손재영 교수님, 강남대학교 노태욱 교수님, 서울대학교 김용창 교수님께도 감사의 마음을 드린다. 그리고 이 책의 교정을 위해 귀한 시간을 기꺼이 내준 남영우, 안선영, 최은영 박사과정 후배들에게도 고마움을 전한다.

가족들께도 감사의 마음을 전하고 싶다. 젊은 시절 홀로되시어 온갖 고생 다 하시면서도 5남매를 남부럽지 않게 키워 주신 어머님께 감사를 드리고 늘 따뜻하게 배려해 주시는 장모님께도 감사의 마음을 전한다. 그리고 결혼 후 무려 8년 동안이나 학교 다닌다는 핑계로 가정을 잘 돌보지 못했음에도 불구하고 남편 대신 가정을 잘 돌보면서 남편의 학업

완성을 위해 끝까지 격려와 배려를 아끼지 않은 사랑하는 아내와 딸 소리, 아들 재우에게 무한한 애정과 감사의 마음을 전하고 싶다.

마지막으로 부족한 필자의 글을 출간될 수 있도록 도와주시고 격려해 주신 한국학술정보(주) 채종준 사장님과 임직원 여러분께 감사의 말씀을 전한다.

2007년 11월
서초동 연구실에서 저자 최민섭

목 차

CONTENTS

제 1 장

CHAPTER

1

서 론 __ 15

제 1 절 연구의 목적 / 16

제 2 절 연구의 범위 / 18

제 3 절 연구의 방법 / 21

인터넷 부동산 서비스 품질의 이론적 고찰 __ 23

제 1 절 인터넷 부동산 서비스의 현황 / 24

1. 전자상거래의 개념 및 등장배경 / 24
2. 전자상거래의 유형 및 현황 / 36
3. 부동산 전자상거래의 개념 및 유형 / 45
4. 인터넷 부동산 서비스산업의 현황 및 전망 / 50
5. 정부의 부동산 정보화 정책 추진현황 / 60

제 2 절 인터넷 서비스의 품질평가 / 65

1. 서비스 품질의 결정 요인 / 66
2. 서비스 품질의 평가 / 72
3. 인터넷 서비스의 품질평가척도 / 76

제 3 절 인터넷 부동산 서비스 품질의 성과 / 81

1. 지각된 유용성과 사용 용이성 / 81
2. 고객만족 / 84

품질평가 모형의 구성 및 연구가설의 설정 __ 89

제 1 절 인터넷 부동산 서비스의 품질평가 / 90
　　　1. 인터넷 부동산 서비스의 개요 및 특성 / 90
　　　2. 인터넷 부동산 서비스의 품질평가척도
　　　　　　　　　　　　　　　(Re-SERVQUAL) / 95

제 2 절 인터넷 부동산 서비스 품질의 구성 요인 / 99
　　　1. 부동산 정보 품질 / 99
　　　2. 의사소통 품질 / 101
　　　3. 접속 편리성 품질 / 103
　　　4. 디자인 품질 / 104
　　　5. 시스템 품질 / 107

제 3 절 연구모형 및 가설의 설정 / 109
　　　1. 연구모형 I 및 가설의 설정-기술수용모형 / 109
　　　2. 연구모형 II 및 가설의 설정-고객만족모형 / 114

실증분석 __ 117

제 1 절 조사 설계 / 118
　　1. 표본의 설계 / 118
　　2. 변수의 조작적 정의 및 측정 / 119
　　3. 자료 분석방법 / 121

제 2 절 표본의 특성 / 127

제 3 절 인터넷 부동산 서비스 이용자들의 특성 분석 / 129
　　1. 부동산 정보 구득 방법 / 129
　　2. 인터넷 부동산 직거래 성향 / 134
　　3. 인터넷 부동산 정보의 평가 성향 / 143

제 4 절 측정 항목의 신뢰성 및 타당성 분석 / 148
　　1. 신뢰성분석 / 148
　　2. 타당성 분석 / 149

제 5 절 연구가설 검증 결과 / 155
　　1. 연구모형Ⅰ – 기술수용모형 / 155
　　2. 연구모형Ⅱ – 고객만족모형 / 160

제 6 절 분석결과에 대한 논의 / 170

결론 및 시사점 __ 175

제 1 절 연구결과의 요약 및 시사점 / 177

제 2 절 연구의 한계 및 향후 연구 방향 / 180
　　1. 연구의 한계점 / 180
　　2. 향후 연구 방향 / 181

참고문헌 __ 183

제 1 장

서 론

제 1 절 연구의 목적

오늘날 산업사회에서 정보화 사회로 산업구조를 변화시킨 주된 요인은 인터넷의 대중화와 더불어 정보통신기술의 발전이라 말할 수 있다. 인터넷과 정보통신기술의 발달로 디지털 문화가 이미 사회 전반에 깊숙이 자리잡고 있으며 부동산 시장에서도 인터넷이 중요한 정보의 매개체로서 부동산 정보 소비자들에게 24시간 서비스를 제공하고 있다. 전통적인 부동산 유통시장에서는 정보의 취득 비용이 매우 높았고 시간과 공간의 제약이 많았으나 온라인 부동산 시장의 등장으로 정보의 비대칭성이 상대적으로 상당 부분 해소되었으며 정보 취득을 위한 시간과 비용도 절감되었다. 또한 인터넷의 커뮤니티 공간을 통해 부동산 정보 소비자들끼리 서로 정보를 공유하고 나눔으로써 부동산 유통시장에서의 인터넷 영향력은 날로 커지고 있는 것이 현실이다. 특히 최근 인터넷을 통한 전자상거래가 우리나라뿐만 아니라 전 세계적으로 하나의 커다란 유형의 시장으로 각광을 받으며 급성장하면서 자리를 잡아가고 있다. 그러나 이러한 인터넷 서비스에 대한 평가기준이나 평가척도의 개발은 시장의 성장속도에 비하여 훨씬 느리게 진행되어 왔던 것이 사실이다. 이러한 현상은 현재 인터넷상에서 운영되고 있는 약 100여 개의 우리나라 부동산 인터넷 정보 서비스 회사의 웹사이트에서도 마찬가지이다. 하지만 치열한 경쟁 상황 속에서 부동산 인터넷 정보 서비스 업체들이 생존하고 성장하기 위해서는 그들이 소비자의 눈에 어떻게 비춰지고 있으며 또한 어떻게 평가되고 있는가를 파악할 수 있는 평가기준의 마련이 필수적이라고 할 수 있다.

또한 경쟁이 치열하면 할수록 시장에서는 고객의 서비스에 대한 요구가 점점 많아지고 다양해지며 까다로워지는 현상이 나타난다. 따라서 안정적으로 고객을 확보하기 위한 차별적 수단으로서 뿐만 아니라 효율화와 신뢰 획득의 수단으로서의 서비스 품질 강화는 중요한 필수적 요소이다(Heskett, 1994). 최근까지 인터넷 부동산 서비스 관련 연구들은 많이 있었으나 실제로 서비스를 이용하는 소비자 관점에서의 서비스 품질과 관련된 인터넷 부동산 서비스 이용자들의 재방문 의도에 대한 체계적인 연구는 전무한 상태이다. 이에 인터넷 부동산 서비스와 관련하여 서비스 품질의 하위 차원들을 규명하고 각 하위 차원을 측정할 수 있는 측정 항목들을 구성한다. 그리고 인터넷 부동산 서비스의 품질이 웹사이트의 재방문 의도에 어떤 영향을 미치는가에 대한 인과관계를 살펴보기로 한다. 이러한 연구를 통하여 그동안 비체계적으로 연구되었던 인터넷 서비스와 인터넷 부동산 서비스에 대한 소비자들의 평가와 이용 행태를 체계적으로 연결하는 과정모델을 제시할 수 있을 것으로 기대된다. 또한 이를 통해 인터넷 부동산 서비스 제공기업들이 이용자들에게 더욱 높은 서비스 품질을 제공하고 성공적인 웹사이트를 운영하기 위해 필요한 요소들을 파악할 수 있을 것으로 기대된다.

본 연구에서는 인터넷 부동산 서비스 시장 환경에 맞는 새로운 서비스 품질의 평가척도(Re-SERVQUAL)와 품질 구성 요인을 개발한다. 그리고 지각된 유용성과 사용 용이성 그리고 고객만족을 매개 변수로 하여 인터넷 부동산 서비스 품질 구성 요인들이 인터넷 부동산 서비스 웹사이트의 재방문 의도에 어떤 영향을 미치는가를 파악하여 변수 상호간의 인과관계를 규명한다. 즉 유용성과 사용 용이성 그리고 고객만족에 어떤 품질 요인들이 가장 큰 영향을 미치는가를 파악하여 인터넷 부동산 웹사이트의 유용성과 사용 용이성 그리고 고객만족을 높일 수 있는 방안을 제시하고 인구통계학적인 변수들에 따른 인터넷 부동산 서비스 이용자들의 특성 분석을 실시하여 부동산 인터넷 마케팅의 전략적 시사점을 도출하고자 한다.

제 2 절 연구의 범위

본 연구의 이론적인 고찰을 위해 서비스 품질과 인터넷 서비스 품질에 대한 기존 연구자들의 이론을 정리한다. 또한 인터넷 부동산 서비스 품질 평가에 대한 이론적 배경을 정립하기 위해 서비스 품질척도(SERVQUAL)와 인터넷 서비스 품질척도(e-SERVQUAL)의 태동 원인과 각 척도의 특성을 기존 연구 자료를 통해 파악한다. 그리고 연구모형의 매개 변수로 이용될 기술수용모형과 고객만족모형의 선행연구 이론을 정리한다. 부동산 정보화의 현황을 파악하기 위해 일반 전자상거래와 부동산 전자상거래에 대해 각각 현황 조사를 실시하고 정부의 부동산 정보화 정책 추진현황에 대해서도 조사한다.

본 연구의 실증분석을 위해 인터넷 부동산 서비스 시장의 특성에 맞는 웹사이트의 서비스 품질평가척도 문항을 관련 업체의 전문가들과 관련 학과 교수님들의 자문을 통해 개발한 후 요인분석을 통하여 인터넷 부동산 서비스 시장에 맞는 평가 항목으로 재구성한다. 재구성된 요인들이 기술수용모형(TAM: Technology Acceptance Model)과 고객만족모형(CS: Customer Satisfaction Model) 변수들을 매개 변수로 하여 인터넷 부동산 서비스 웹사이트의 재방문 의도에 미치는 영향을 연구가설로 설정하고 실증분석을 통해 연구가설을 검증한 후 상호 인과관계를 분석한다. 이는 인터넷 부동산 서비스 수요자가 서비스 업체에서 제공하는 인터넷 부동산 서비스에 대하여 어떠한 인식과 평가를 하고 있는지를 파악하기 위함이다. 또한, 인터넷 부동산 서비스 시장에서의 경쟁우위 선점을 위한 새로운 관점의 마케팅 전략을 수립하고 궁극적으로는 인터넷 부동산 서비스 시장에서 경쟁력 있는 포지션을 구축하기 위함이다. 나날이 심화되는 인터넷 부동산 서비스 시장의 경쟁구조와 소비자의 부동산 관련 웹사이트의 이용도가 날로 증가되는 현 상황에서, 성공적인 포지션 구축을 하기 위한 인터넷 부동산 서비스에 대한 소비자 관점에서의 서비스 품질척도 개발과 측정, 나아가서 서비스 품질과 기술수용모델의 중요한 두 변수인 지각된 유용성과 지각된 사용 용이성, 고객만족 그리고 결과 변수로서 사용자의 재방문 의도에 대한 상호간의 인과관계의 연구 조사가 요구된다.

이를 위해 본 연구에서는 다음과 같은 내용으로 구성하였다.

첫째, 기존에 연구된 서비스 품질에 대한 연구를 기반으로 하여 인터넷 부동산 서비스 시장 환경에 맞는 새로운 서비스 품질의 평가척도(Re-SERVQUAL)를 개발하여 연구에 적용시킨다. 그 결과로 소비자들의 인식과 평가를 근거로 개발된 인터넷 부동산 서비스의 품질척도가 성공적인 마케팅 전략수립의 수립과 실행을 위한 필수적인 도구가 될 것이라고 판단된다.

둘째, 새로 개발된 Re-SERVQUAL(인터넷부동산서비스 품질척도)에 나타난 서비스 품질의 요인들이 인터넷 부동산 사이트에 대해 고객들이 지각하는 유용성과 사용 용이성 그리고 고객만족에 미치는 영향을 파악하고, 결과적으로 웹사이트의 재방문에 어떤 영향를 미치는가를 파악한다. 이를 통해 성공적인 인터넷 마케팅의 최종 목표인 재방문을 유도하기 위한 서비스 품질이 어떤 과정을 통해 얼마나 영향을 미치는 가를 파악함으로써 인터넷 부동산 서비스 사이트를 이용하는 이용자들의 일련의 행동을 설명하고 이해할 수 있을 것으로 판단된다. 그리고 이러한 이용자들의 행동을 이해함으로써 인터넷 부동산 서비스 제공기업들에게 많은 전략적 시사점을 제시할 수 있을 것으로 기대된다.

셋째, 인터넷 부동산 서비스 이용자들에 대한 행태분석을 실시한다. 특히 인터넷 부동산 직거래에 대한 인구통계학적인 변수들의 속성을 이용하여 분석함으로써 인터넷 부동산 직거래 시장의 주 고객을 정의하고 그에 맞는 마케팅 전략을 수립한다.

마지막으로 실증분석에서 나타난 연구결과에 근거해서 인터넷 부동산 서비스의 전략적인 의미를 파악한 후 산업에 적용함으로써 인터넷 부동산 서비스산업의 발전에 도움이 되고자 한다.

이를 위해 본 연구는 총 5개의 장으로 구성되어 있다. 제1장은 서론 부분으로서 연구의 목적, 연구의 범위, 연구의 방법에 대해 서술하고, 제2장은 인터넷 부동산 서비스의 현황과 품질평가 방법론 부분으로서 인터넷 부동산 서비스의 현황, 인터넷 서비스의 품질평가척도, 인터넷 부동산 서비스의 품질평가에 관해 살펴볼 것이다. 제3장은 품질평가 모형의 구성 및 연구가설의 설정 부분으로서 인터넷 부동산 서비스 품질의 구성 요인과 인터넷 부동산 서비스 품질의 성과 그리고 2개의 연구모형 구성 및 연구가설 설정에 대해서 서술한다. 제4장은 실증분석 부분으로서 조사 설계와 표본의 특성, 측정 항목의 신뢰성 및 타당성 분석, 그리고 인터넷 부동산 서비스 이용자들의 특성 분석과 연구가설 검증 결과, 분석결과에 대한 논의에 대해 서술할 것이다.

끝으로 제5장은 본 연구의 결론 부분으로서 연구의 내용을 요약하여 인터넷 부동산 서비스 시장에서의 전략적인 마케팅 시사점을 도출하고, 미래의 연구 방향을 제시하고자 한다.

제 3 절 연구의 방법

본 연구는 인터넷 부동산 서비스의 품질이 어떠한 요인들로 구성되어 있으며 고객들은 그 서비스 품질에 대해 어떤 인식을 하고 또 그 인식들이 매개 변수인 지각된 유용성과 사용 용이성, 고객만족 그리고 결과 변수인 재방문 의도에 어떤 영향을 비치고 있는가를 파악하기 위한 것이다. 이러한 목적을 달성하기 위해 이론적 배경에 대해 고찰하면서 실증적 연구도 함께 진행한다. 지금까지 서비스 마케팅 분야에서는 Parasuraman, Zeithalm & Berry에 의해 1988년에 개발된 척도인 SERVQUAL이 오프라인 서비스 업체가 제공하는 서비스의 품질 측정을 위하여 자주 이용되어 왔다. 또한 소매점의 서비스 품질 측정을 위해서는 Dabholkar, Thorpe & Rentz가 1996년에 개발한 소매점 서비스 품질척도(R−SERVQUAL)가 주로 이용되어 왔다. 그러나 이러한 척도들은 오프라인 서비스를 대상으로 개발되었기 때문에 온라인 서비스 품질 측정에 적용하는 데는 많은 한계가 있다(이문규, 2002). 이에 본 연구에서는 온라인 마케팅 환경을 고려하여 앞으로 설명할 IQ, QUIS, PUEU, PQISS 등의 인터넷 서비스 품질 측정도구들을 추가로 참조하고, 기존 연구들에 대한 상세한 고찰을 하며, 인터넷 부동산 서비스 시장의 각 분야별 전문가들의 협의를 거치고 실증자료를 통하여 소비자 관점에서의 평가척도를 개발 제시하고자 한다.

인터넷 부동산 서비스 품질척도(Re-SERVQUAL) 개발은 크게 3단계로 나눠서 실시된다. 우선 첫 번째 단계에서는 지금까지 마케팅 및 정보시스템 분야에서 개발된 서비스 품질척도에 대한 문헌을 고찰하고 적용 분야에 따라서 서비스 품질척도를 정리한다.

두 번째 단계에서는 인터넷 부동산 서비스 시장에서 각각의 서비스 항목별 전문가들로 구성된 그룹이 본 연구의 목적에 적합한 항목들을 기존에 이미 개발된 서비스 평가척도에 추가하거나 또한 기존의 적합하지 않은 항목들을 협의에 의해 삭제하도록 한다. 그리고 항목에 대한 평가, 선별, 추가 등의 정리 작업을 반복적으로 수행한다.

세 번째 단계에서는 최종적으로 정리된 평가 항목을 가지고 인터넷 부동산 서비스 이용자들을 대상으로 한 인터넷 설문조사를 통해 소비자들로부터 실증자료를 얻어낸 후 다변량 통계기법의 하나인 요인분석을 통해 신뢰성과 타당성을 갖춘 요인들을 추출해 낸다.

마지막으로 인터넷 부동산 서비스 시장에서 요인분석을 통해 추출된 인터넷 부동산 서비스 품질 구성 요인들이 지각된 유용성과 사용 용이성 그리고 고객만족 등 매개 변수를 통해 웹사이트의 재방문 의도에 어떤 영향을 미치는가에 대한 연구가설을 검증하기 위해 구조방정식모형을 설정하고 실증분석을 실시한다.

제 2 장

인터넷 부동산 서비스 품질의 이론적 고찰

제 1 절 인터넷 부동산 서비스의 현황

오늘날 디지털 혁명의 산물인 정보통신기술의 발달로 인하여 인터넷이 이미 우리의 일상생활 깊숙이 자리잡고 계속해서 활동 영역을 넓혀 가고 있는 상황이다. 또한 인터넷의 이용자 수가 계속해서 증가함에 따라 자연스럽게 전자상거래(Electronic Commerce)라는 용어도 점점 일반화되어 가고 있다. 그러나 환경의 급속한 변화에도 불구하고 아직까지 전자상거래에 대한 명확한 개념이 정립된 상태가 아니고 또 어느 범위까지를 전자상거래에 포함시킬 것인가에 대해서도 구체적으로 명문화되지 않은 상태이다.

이에 본 장에서는 명확한 구분 없이 사용되고 있는 전자상거래와 관련된 용어들에 대한 개념을 파악해 보고 서로간의 상관관계도 찾아보고자 한다.

1. 전자상거래의 개념 및 등장배경

가. 전자상거래의 정의

전자상거래라는 용어는 지난 1988년 미국 LLNL(Lawrence Livermore National Laboratory)에서 국방성 프로젝트를 수행하면서 처음으로 사용하였다. 그리고 일 년 뒤인 1989년에 스위스의 컴퓨터 프로그래머인 팀 베르너스(TimBerners)에 의해 월드와이드웹(WWW)이 개발되어 일반인들에게 쉽게 멀티미디어정보를 제공할 수 있는 기회를 창출하자 인터넷은 폭발적인 성장과 발전을 하게 되었으며 전자상거래의 핵심 도구로 자리를 잡게 되었다. 이후 1990년대 초반부터 상거래에 인터넷이 활발하게 이용되면서 비로소 일반인에게 전자상거래라는 개념이 확산되기 시작하였다. 전자상거래는 미국 국방성에 의해 조직 및 기업 간의 거래에서 거래의 시작에서 끝날 때까지 종이로 된 문서가 사용되지 않는 기업 환경을 정보통신기술에 의해 달성하려는 데 그 목적이 있었다.

칼라코타와 윈스톤(Kalakota & Whinston, 1996)은 전자상거래(EC: Electronic Commerce)는 누구에게 묻느냐, 다시 말해 어느 관점에서 접근하느냐에 따라 정의가 다르다고 했다. 즉 통신의 관점, 프로세스의 관점, 서비스의 관점, 그리고 온라인[1]의 관점 등 보는 관점에 따라 서로 다른 정의의 예를 예시하면서, "전자상거래는 광의적으로는 새로운 비즈니스 기회를 창출하고 개발하는 것이라 할 수 있으며, 더 대중화된 용어를 사용한다면 비즈니스 가치의 창출 혹은 적은 것으로 많은 것을 하도록 강조하는 것이다."라고 말하고 있다.[2]

전자상거래에 대한 가장 보편적인 정의로는 미국 국방성(1996)이 "전자상거래는 종이문서를 사용하지 않고 전자문서교환(EDI: Electronic Data Interchange), 전자우편, 전자게시판, 팩스, 전자자금이체(EFT: Electronic Funds Transfer) 등과 같은 정보기술을 이용한 상거래이다."라고 정의하는 것이다.

---

1) 오프라인(Off-Line)에 대응되는 용어로서 인터넷이나 PC통신 등 통신망을 통해 서비스되는 것을 총칭함.
2) 마은경, 장명희(2003), 「인터넷과 전자상거래」, 도서출판 대경, 207쪽.

지금까지 발표된 전자상거래에 관한 정의들을 연도별로 정리하면 〈표 2-1〉과 같다.

〈표 2-1〉 전자상거래의 다양한 정의3)

구 분	정 의
레이포트와 스비오클라 (1994)	거래의 내용이 정보중심으로, 거래의 정황이 화면상에서, 그리고 거래의 하부구조가 컴퓨터와 통신으로 바뀌는 것
미 국방성 (1996)	종이로 된 문서를 사용하지 않고 전자자료교환, 전자우편, 전자게시판, 팩스, 전자자금 이체 등과 같은 정보기술을 이용한 전자상거래
ECOM (1996)	다양한 종류의 컴퓨터네트워크를 이용하여 제품설계, 제조, 광고, 상업적거래, 회계정산을 포함하는 전 범위에 걸쳐서 지원하는 활동
Kalakota & Whinston (1997)	컴퓨터 네트워크를 통한 정보, 제품 및 서비스를 구매 및 판매하는 행위
EITO (1997)	통신네트워크를 통해 가치의 교환을 dlRM는 사업 활동을 수행하는 것
OECD (1997)	텍스트, 음성, 비디오를 포함한 디지털 자료의 처리 및 전송에 기초한 조직과 개인을 포함하는 상업적 활동과 관련된 모든 형태의 거래
European Commission (1997)	텍스트, 음성, 비디오를 포함한 데이터의 전자적 처리와 전송에 기초하여 전자적으로 다양한 사업을 수행하는 것
한국전산원 (1997)	전자적 방식을 이용하여 전자공간상에서 이루어지는 상거래와 이에 필요한 제반 정보를 교환하는 방식
전자거래 기본법 (1999)	전자거래: 재화나 용역을 거래함에 있어서 그 전부 또는 일부가 전자문서에 의하여 처리되는 거래
ECNet	단위 기업의 영역을 확대시키고 컴퓨터와 컴퓨터 간의 자료교환에 크게 의존하는 행위
EDI 위원회	고객과 회사에서 회사 간의 컴퓨터화된 판매와 구매의 모든 형식을 담당하는 것

전자상거래에 관한 정의는 어느 관점에서 접근하느냐에 따라 다르고 계속해서 환경의 변화를 받아들이며 확장되는 개념이기 때문에 일관성

---

3) 마은경, 장명희(2003), 상게서, 208쪽의 표를 필자가 재구성함.

과 통일성이 있는 정의는 학자들 간에도 내리기 어려우나 본 연구에서 필자는 전자상거래란 "기업, 개인, 정부 등 경제 주체 간에 기존의 물리적인 접촉이나 교환이 아닌 인터넷 네트워크를 통하여 전자적인 방식으로 상품이나 서비스를 사고파는 상거래 행위"라고 정의한다. 즉 "전자상거래는 정보통신기술과 기존 상거래의 접목으로 이루어진 하나의 새로운 비즈니스 유형이다."라고 말할 수도 있으며 이러한 정의의 배경에는 현재 인터넷이 전자상거래의 주축으로 자리잡고 있으며 앞으로도 인터넷 네트워크를 기반으로 한 전자상거래가 계속해서 발전하고 확장해 나아가리라고 믿어 의심치 않기 때문이다.

나. 전자상거래의 등장배경

전자상거래는 1940년대 Telex 사용에서 출발하였으며 본격적인 태동 시기는 1970년대로 미국에서 전자문서교환(EDI: Electronic Data Interchange)의 이용이 경제 주체들 간에 일반화되기 시작했던 시기이다. 또한 1980년대 후반부터는 정보통신기술의 급속한 발달로 인해 이를 상거래에 적용하여 경영혁신을 이루려는 기업과 정부에 의해 본격적으로 등장하게 되었다. 또한 지금은 가전제품화되어 버린 개인용 컴퓨터의 급속한 보급률 및 이용률의 증가와 정보통신망의 발달 그리고 인터넷 관련 기술의 발전은 사람의 손끝이 세상을 바꾸고 있다는 말을 실감나게 하고 있고 우리 자신들을 지식사회, 정보화 사회, 전자상거래의 시대로 이끌고 있다고 본다.

한편, 온라인 서비스의 유료화와 사용의 편리성으로 무장한 인터넷 검색 도구의 발달과 확산이 전자상거래 제도의 규제 완화와 통신요금 인하라는 요인들과 서로 맞물리면서 전자상거래는 새로운 도약과 성장의 전환기를 맞이하고 있다. 현재 수많은 회사들이 인터넷과 온라인 서비스를 이용하여 자사제품의 광고 및 홍보 그리고 주문과 배송처리를 하고 있으며 고객지원 서비스나 고객대상 인터넷 설문조사의 업무도 함께 진행하고 있다. 이미 전자상거래는 모든 비즈니스 영역에서 위치를 확보해 나가고 있고 그 영향력은 시간이 지나면 지날수록 더욱더 커지리라 예상된다.

다. 전자상거래와 인터넷 비즈니스의 비교

현재 인터넷을 비롯한 전자매체를 이용한 비즈니스들은 e-비즈니스(e-Business), 전자상거래(e-Commerce), 인터넷 비즈니스(Internet Business), 인터넷 상거래(Internet Commerce) 등이 있으며 이들 용어들은 명확한 개념의 구분 없이 사용되고 있어 많은 혼란을 초래하고 있다.

이에 각 용어들에 대한 명확한 개념들을 정리해 보고 그 상관관계를 파악해 보고자 한다.

(1) e-비즈니스(e-Business)

e-비즈니스는 제품의 기획과 개발, 생산, 마케팅, 판매, 유통, 고객관리 등 기업의 모든 비즈니스 과정에 인터넷은 물론이고 모든 전자매체를 활용하는 경영활동을 말한다. e-비즈니스는 광속상거래(CAL: Commerce At Light Speed), 공급사슬관리(SCM: Supply Chain Management), 전사적자원관리(ERP: Enterprise Resource Planning), 고객관계관리(CRM: Customer Relationship Management) 등 기업 내부 및 외부 협력 업체와 고객을 하나로 연결하는 통합적인 가치 사슬의 구축을 통해 비용절감과 고객만족을 통하여 효용의 극대화를 추구하고 시장의 환경 변화에 민첩

하게 대응하며 지속가능한 경쟁력을 확보하기 위한 새로운 비즈니스의 모델이라 할 수 있다.

(2) 전자상거래(e-Commerce)

전자상거래란 "기업, 개인, 정부 등 경제 주체 간에 기존의 물리적인 접촉이나 교환이 아닌 인터넷 네트워크를 통하여 전자적인 방식으로 상품이나 서비스를 사고파는 상거래 행위"를 말한다.

전자상거래의 개념을 좀 더 구체적으로 명확하게 구분해 보면 광의의 전자상거래는 다양한 정보통신기술, 즉 인터넷을 비롯한 이메일(e-Mail), 전자문서교환(EDI: Electronic Data Interchange), 바코드(Bar-Code), 팩스(FAX), 전자자금이체(EFT: Electronic Fund Transfer), 데이터베이스(Database), 이미지시스템(Image System) 등을 각각 활용하거나 또는 통합하여 활용하는 것을 말하며, 협의의 전자상거래는 인터넷을 이용한 인터넷 상거래(Internet Commerce)를 말한다.

(3) 인터넷 비즈니스(Internet Business)

인터넷이 발전하는 과정에서 많은 기업과 개인들이 인터넷 비즈니스에 참여하고 있고 인터넷을 이용한 비즈니스의 종류가 다양하다 보니 인터넷 비즈니스에 대해 명확한 정의를 내리는 것은 어려운 실정이다. 이러한 이유 때문에 "인터넷 비즈니스란 인터넷을 이용한 모든 영역의 산업"이라는 광의의 개념으로 정의하기도 한다.

그러나 이러한 추상적인 개념의 정의는 인터넷 비즈니스 사업을 하려는 개인이나 회사에 별 의미 없는 정의를 제공할 뿐 아니라 체계적이고 깊이 있는 분석에도 도움이 되질 않는다. 이에 I-biznet.com(인터넷 마케팅, 2000)에서는 인터넷을 전략적으로 경영활동에 활용하는 비즈니스, 즉 "인터넷을 전략적인 도구로 활용하여 다양한 경영활동을 수행함으로써 인터넷으로부터의 수익창출이나 원가절감을 달성하고자 하는 비즈니스"라고 정의하였다.[4] 이 개념에 내포되어 있는 의미를 좀 더 명확히 파악하면 다음과 같이 정리할 수 있다.

첫째, 인터넷을 전략적인 도구로 활용한다는 것이다. 인터넷을 경영활동의 도구로써 이용할 때는 반드시 전략적인 목표가 분명해야 한다. 즉 어떤 목적을 달성하기 위해 웹사이트가 필요한지 그리고 어떤 내용을 웹사이트에 담을 것인지를 만들기 전에 미리 결정한 후 웹사이트가 제작되어야 한다. 또한 웹사이트를 제작한 후 어떻게 지속적으로 운영관리할 것인가가 제작과정보다 더욱 중요하기 때문에 제작 후의 운영전략도 동시에 결정되어야 한다.

둘째, 인터넷을 이용하여 다양한 경영활동을 수행한다는 것이다. 기업의 경영활동은 원재료의 구매에서부터 생산, 판매, 마케팅 등 근본적인 활동과 그리고 이를 지원하는 재무, 인사, 총무, 회계 등 매우 다양하며 광범위하다. 이처럼 다양하고 광범위한 기업의 경영활동 중에서 일부, 또는 전부가 인터넷을 활용하거나 인터넷을 이용할 수 있도록 도와주는 경우를 인터넷 비즈니스라고 한다.

셋째, 인터넷의 활용을 통해 비용의 절감과 새로운 수익창출이 이루어져야 한다는 것이다. 기업의 존재이유는 지속적인 이익의 창출이다. 그리고 이익의 창출은 원가의 절감이나 매출의 증대로써 이루어지기 때문에 인터넷의 활용도 단기적 또는 장기적으로 기업의 이익창출에 기여를 해야만 인터넷 비즈니스로서의 가치가 있다고 본다.

한편, 인터넷 비즈니스를 분류하면 인터넷을 이용하기 위해서 필수

---

4) 김재범, 문병준(2000), 「인터넷 비즈니스」, 경문사, 250쪽.

적으로 구비해야 하는 서버 및 접속회선 등의 인터넷 기반산업과 방화벽이나 웹사이트의 제작도구 등 인터넷 지원 산업 그리고 포털서비스 및 쇼핑몰 등의 인터넷 활용산업이 있다.

(4) e-비즈니스, 전자상거래, 인터넷 비즈니스의 관계

〈그림 2-1〉 e-비즈니스, 전자상거래, 인터넷 비즈니스의
관계도

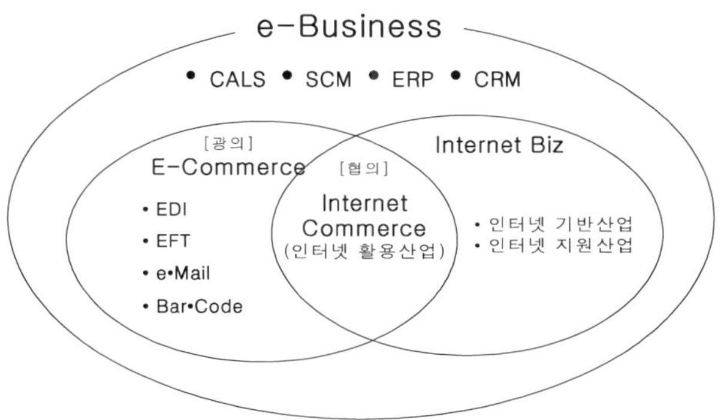

〈그림 2-1〉은 e-비즈니스, 전자상거래, 인터넷 비즈니스의 정리된 개념을 근거로 하여 도식화한 것이다. 위 그림을 통해 볼 때 e-비즈니스는 전자상거래와 인터넷 비즈니스를 포함하며 모든 전자적인 방법을 통한 비즈니스 전 과정의 경영활동이라는 점에서 가장 큰 개념이라 할 수 있다. 그리고 인터넷 비즈니스와 전자상거래는 인터넷 상거래를 교집합으로 하며 다음과 같은 차이점을 발견할 수 있다.

첫째, 전자상거래는 인터넷뿐만 아니라 전자문서교환(EDI), 전자자금이체(EFT) 등 다양한 전자기술을 이용하여 상거래를 행하지만 인터넷 비즈니스는 인터넷만을 도구나 수단으로 이용한다.

둘째, 전자상거래는 말 그대로 상거래를 하지만 인터넷 비즈니스는 상거래뿐만 아니라 상거래를 지원하는 여러 산업을 포함한다. 인터넷을 응용, 활용하는 소프트웨어적인 기술이나 하드웨어적인 제품을 생산하여 판매하는 것도 인터넷 비즈니스의 일부이다.

그러나 전자상거래와 인터넷 비즈니스는 인터넷을 이용하여 상거래를 한다는 점, 다시 말해 영업과 마케팅을 포함한 상행위가 인터넷을 통해서 이루어진다는 점에서는 매우 비슷한 개념이다. 특히 이 공통된 부분을 인터넷 상거래라 한다. 그리고 인터넷의 급격한 발전으로 말미암아 일반적으로 대부분의 사람들은 인터넷 상거래를 전자상거래로 인식하고 있다. 언어는 사회적인 약속이므로 용어에 대한 정의는 엄격해야 하나 인터넷과 관련된 사업의 환경 변화가 급속하게 이루지면서 용어에 혼동이 있는 것이 현실이다. 그럼에도 불구하고 앞으로 본 연구에서 언급되는 전자상거래는 인터넷을 기반으로 하는 전자상거래, 즉 전자상거래의 협의의 개념인 인터넷 상거래(Internet Commerce)라 정의하고 인터넷 전자상거래와 혼용해서 사용하기로 한다.

라. 인터넷 비즈니스의 구성요소

인터넷 비즈니스의 구성요소는 4C라 불리는 컨텐츠(Contents), 커뮤니티(Community), 상거래(Commerce), 협업(Collaboration)이 있으며 이는 인터넷 비즈니스의 4대 분야를 나타내는 핵심 구성요소로 각각은 상호 유기적인 관계를 가지고 있다.

(1) 컨텐츠(Contents): 다양한 미디어를 통해 그래픽, 텍스트, 동영상, 사운드 등의 멀티미디어적 요소들의 복합적인 형태로 변환되면서

가치와 효익을 제공하는 핵심 지식과 정보를 의미하며 모든 종류의 정보, 엔터테인먼트, 통신, 거래 서비스 등이 이에 속한다.

(2) 커뮤니티(Community): 동일한 취미와 의향을 가지고 있는 고객들이 지식 및 경험을 공유하기 위하여 온·오프라인 모임을 통하여 교류하는 시스템을 말하며 성공적인 인터넷 상거래 단계로 진입하기 위해서는 꼭 필요한 과정이다. 학술 커뮤니티, 투자 커뮤니티, 지역별 커뮤니티 등이 이에 속한다.

(3) 상거래(Commerce): 온라인상에서 수익을 창출할 수 있는 기반을 말하며 컨텐츠 판매, 맞춤형 정보, 쇼핑몰 운영 등이 이에 속한다.

(4) 협업(Collaboration): 관계기관이나 업체와의 효율적인 제휴를 위하여 네트워크를 구축한 후 공유하여 부가가치를 향상시키는 것을 의미하며 데이터 공유, 어플리케이션 공유, 프로세스 아웃소싱 등이 이에 속한다.

마. 인터넷 전자상거래의 특성

인터넷을 이용한 전자상거래가 급속한 사용 인구의 증가와 함께 하나의 새로운 시장으로 포지션을 구축함에 따라 기존의 전통적인 시장에 많은 영향과 충격을 주고 있고 전통적인 상거래 방식과는 다음과 같이 다른 특성을 가지고 있다.

첫째, 시간과 공간의 제약 없이 언제 어디서든지 거래가 이루어진다. 기업 활동에 있어 기업은 시공간의 제약 없이 하루 24시간 일 년 365

일 실시간으로 전 세계 어디서나 상거래가 가능하다.

둘째, 유통채널이 단순하다. 기존의 전통적인 상거래는 생산자로부터 도매상과 소매상을 거쳐 최종 소비자에게 제품이 전달되지만 인터넷 전자상거래는 인터넷 네트워킹을 통해 거래가 소비자와 직접 이루어지기 때문에 유통비용의 절감으로 소비자는 저렴한 가격으로 제품을 구매할 수 있다.

셋째, 쌍방향성으로 인해 고객과 1 대 1 관계 마케팅이 가능하기 때문에 고객의 수요에 대한 정보 획득이 편리하며 즉각적인 대응이 가능하다. 기존의 상거래는 여러 유통채널을 통하고 일방적인 마케팅 활동을 전개하는 데 반해 인터넷 전자상거래는 소비자와 직접 접촉하기 때문에 수요에 대한 정보 획득이 용이하고 즉각적인 대응도 가능하다.

넷째, 물리적인 판매 거점이 필요 없다. 기존의 전통적인 상거래는 시장 또는 상점 등 물리적인 공간 안에서 전시를 통해 판매를 하거나 직접 방문하여 판매를 하는 형식을 취하나, 인터넷 전자상거래는 네트워크상에서 상거래가 이루어지기 때문에 물리적인 판매 거점이 필요 없다.

다섯째, 투자 자본이 상대적으로 적게 든다. 기존의 상거래 방식은 사업을 하기 위한 토지나 건물 등의 구입이나 임대를 위해 초기 자본이 많이 필요하나 인터넷 전자상거래는 웹사이트를 통해 영업이 이루어지고 유지 관리 비용도 상대적으로 저렴하다. 그러나 초기 투자 자본이 적게 들기 때문에 상대적으로 진입 장벽이 낮아 과잉공급 현상이 시장에서 발생하여 시장에 거품을 형성시키는 원인을 제공하기도 한다. 이상과 같이 인터넷 전자상거래와 전통적인 상거래를 비교해서 정리해 보면 〈표 2-2〉와 같고 전자상거래의 장단점은 〈표 2-3〉과 같다.

<표 2-2> 전통적인 상거래와 전자상거래의 비교[5]

구 분	전통적인 상거래	전자상거래
유통 채널	기업-도매상-소매상-소비자	기업-소비자
시장의 경계	국가나 지역	없음(무제한)
거래 시간	제한된 시간	연중무휴(24시간)
고객 대응	지연 대응	즉각 대응
판매 거점(공간)	판매 공간 필요	사이버 공간
소요 자본	상대적으로 많은 자금 필요	상대적으로 적은 비용
시장 주도 세력	생산자(기업)	소비자(네티즌)
커뮤니케이션 방향	단방향성(One-way)	쌍방향성(Two-way)
사업 유형	노동, 자본 집약적	두뇌, 기술, 지식 집약적
유통 전략	밀어내기(Push)	끌어들이기(Pull)
소비자 형태	단순 비교형	다중 분석형(까다로워짐)
시장진입퇴출	어렵다	용이하다
리더의 선점효과	비교적 경쟁우위	강력한 경쟁우위
마케팅 대상단위	그룹 또는 전체	개인
의사결정과정	감각에 의존	축적된 자료(DB)에 의존
협력관계	배타적	네트워킹
경제원리	규모의 경제	범위의 경제

---

5) 최민섭(2001), "인터넷 마케팅을 통한 효율적인 부동산 웹사이트 구축 방
   안에 관한 연구", 건국대학교 부동산학 석사학위논문, 39쪽의 표를 필자가
   수정 보완함.

〈표 2-3〉 전자상거래의 장단점

구 분	구매자	판매자
장 점	- 다양한 상품비교 가능 - 상대적으로 저렴한 정보 탐색 비용 - 시간적, 지리적 제약 극복 - 유통경로의 단축에 따른 가격 혜택 - 지속적인 상품의 정보 입수 가능	- 공간적, 지리적 시장 확대 - 마케팅 비용절감 - 고객 분석용이 - 고객과의 관계 증진 - 유통경로상의 비용 감소 - 거래시간 단축 - 정보처리 정확성 증가 - 기업 이미지 제고
단 점	- 상품정보의 상세한 이해 및 확인 곤란 - 제공 정보의 과잉으로 인한 구매 의사결정의 혼란 - 구매한 제품 및 서비스의 보증체계 및 안전성에 대한 신뢰 미흡 - 대금 지급과 결제에 있어 인증과 보안 위험 - 고객 프라이버시 노출 위험	- 법규 및 제도의 불안전 - 국가 간 제도의 차이, 관세로 인한 갈등 문제 - 경쟁과열로 인한 중소기업의 열세 문제 - 전자지불 시스템의 신뢰성, 보안 위험으로 인해 기업의 신뢰성 동시 감소 위험

자료원: 이동만, 이선희, 안상협, e-Business, 2001

2. 전자상거래의 유형 및 현황

가. 전자상거래의 유형

전자상거래는 일반적으로 대상 주체에 따른 유형 분류를 한다. 대상의 주체는 보통 3개의 주체로 표현하고, B: Business(기업), C: Consumer (개인), G: Government(정부)로 기호화하여 약식으로 표기하기도 한다. 이에 대한 조합으로 하나하나 예를 들어 보면 다음과 같다.

(1) 기업과 개인 거래(B-to-C: Business to Consumer)

B-to-C 전자상거래는 기업이 사이버 공간에서 가상 상점을 열고 일반 소비자가 가상 상점을 통하여 직접 상품을 구매하는 거래 유형으로 볼 수 있다. 이는 판매자와 구매자가 직접 만나서 거래가 이루어지지 않고 인터넷을 통해 모든 것이 이루어지기 때문에 일반 오프라인 상점에서 물건을 사는 구매절차와는 차이가 있다. 인터넷상에서 가장 보기 쉬운 형태이며 대부분의 일반 쇼핑몰이 이에 해당한다. 간단히 말해서 판매자가 기업이고 일반 소비자를 대상으로 판매하는 행위를 말한다.

(2) 기업과 기업 거래(B-to-B: Business to Business)

기업 간의 전자상거래는 EDI를 활용하면서부터 도입되기 시작했다고 볼 수 있다. 기업 간의 전자상거래에도 점차 인터넷을 수용하기 시작함에 따라 기존의 폐쇄적인 네트워킹에서 개방된 형태의 네트워킹으로 불특정 다수 기업이 참여할 수 있는 전자시장 형태로 발전되었다. 판매자와 구매자가 모두 기업인 형태이고 기업 간에 부품구매나 조달에 대한 거래 행위를 말한다. 예를 들어 개인이 복사용지를 일반 쇼핑몰에서 사면 B-to-C 거래이지만 회사가 대량 구매 전문 쇼핑몰에서 필요한 복사용지를 구입하는 것은 B-to-B 거래이다.

(3) 기업과 정부 거래(B-to-G: Business to Government)

기업이 정부에 상품을 제공하는 형태이다. 정부 물품의 조달에 대한 거래이며, B-to-B와 유사하지만 구매자가 정부일 경우에 해당된다. 예를 들면, 정부가 조달 예정 상품을 인터넷상의 조달 사이트에 공시하고, 기업들은 조달 사이트에서 공고 내역을 확인한 후 정부와의 거래를 성사시키는 과정이 전형적인 정부와 기업 간의 전자상거래이다.

(4) 정부와 개인 거래(G-to-C: Government to Consumer)

제세공과금, 과태료 등의 행정업무를 전자거래로 납부하는 형태이다. 정부와 개인 간의 전자상거래는 아직 크게 활성화되어 있지 않지만 점차 이용이 확산될 전망이고 전자정부 구현사업으로 추진되고 있는 디지털 행정 서비스가 구현되면 다른 전자상거래보다 훨씬 빠른 속도로 보편화되리라 전망한다.

(5) 개인과 개인 거래(C-to-C: Consumer to Consumer)

실수요자인 개인과 개인 간에 편리하고도 값싸게 상품을 구입할 수 있는 물물교환, 중고거래 등 개인 간의 직접거래를 말하며 벼룩시장, 옥션이 가장 대표적인 사례이다.

(6) 개인과 기업 거래(C-to-B: Consumer to Business)

개인이 기업과 거래하는 형태로서 역경매가 가장 좋은 예이다. 예를 들면 개인이 인터넷에 특정 사양의 컴퓨터를 구매한다는 의사표시를 할 때 여러 판매자가 좋은 가격을 제시하고 개인은 가장 좋은 가격을 제시한 판매자를 선택하여 거래가 성사되는 방식이다.

나. 전자상거래의 현황

(1) 해외 전자상거래 현황

인터넷 전자상거래의 시장 규모는 실물시장의 규모에 비교하면 아직 미미한 수준이지만 향후에는 급속한 속도로 확대될 것으로 전망된다. 전자상거래의 시장규모가 확대될 것이라고 전망하는 가장 큰 이유는 전 세계적으로 인터넷 사용자들의 수가 급속한 속도로 증가하고 있기 때문이다. 인터넷의 이용자 수가 5,000만 명을 돌파하는 데 4년이 걸려 라디오(38년), PC(16년), TV(13년)를 제치고 인류 역사상 가장 빠른 속도로 확산된 미디어로 평가받고 있다.

세계 각국은 정보화의 진전과 함께 그동안 구축한 정보화 인프라를 활용해 각종 부가가치 창출 활동과 다양한 사업진흥을 하고 있는데, 그 대표적인 것이 전자상거래의 촉진이다. 그러나 아직 국가별 전자상거래 규모나 수준을 직접 비교할 수 있는 통계가 정비되지 않은 관계로 대부분의 정보화 관련 지표에서는 전자상거래 규모의 대용지표로서 국가별 보안서버 대수와 인터넷 이용자 수를 활용하고 있다. 즉 전자상거래를 통해 판매를 하는 사업체들은 기본적으로 보안서버를 설치할 것이라는 가정하에서 국가별로 보유하고 있는 보안서버 대수와 또한 잠재고객인 인터넷의 이용자 수 파악을 통하여 전자상거래 규모를 가늠하고자 하는 것이다.

OECD 회원국을 대상으로 인구 100,000인당 평균 보안서버 대수를 살펴보면, 전체적으로는 1998년 7월 현재 평균 1.8대에서 2002년 7월 현재 14.2대를 기록하고 있다. 이에 따라 2002년 7월 현재 아이슬란드가 47.7대로 1위를 기록했고 그 뒤를 이어 미국, 뉴질랜드, 캐나다, 호주 등이 상위권을 차지하고 있다. 우리나라는 1.2대로 전체 OECD 회원국 30개 국가 중 25위에 머물렀다. 보안서버 보유 대수가 전자상거래 제공 현황을 설명할 수 있다면, 인터넷 이용자 수는 전자상거래 사이트 접속 현황을 간접 설명하는 지표로 이용할 수 있다. 따라서 두 가지 지표에서 모두 높은 점수를 얻은 국가들은 전자상거래가 가장 활발한 국가로 구분할 수 있다. 이러한 국가들로는 미국, 캐나다, 뉴질랜드, 호주 등이 해당된다. 한편, 인터넷 이용자 수는 많지만 상대적으로 보안서버 보유 대수가 적은 국가들은 일반인들이 전자상거래 사이트를 활발히 이용하고는 있지만 국내에서 전자상거래를 제공하는 사업체의 수는 상대적으로 적은 국가로 분류될 수 있다. 이러한 국가들로는 한국, 일본, 네덜란드, 독일, 스웨덴 등이 해당된다. 반대로 보안서버 보유 대수는 많으나 인터넷 이용자 수가 상대적으로 적은 국가들은 국내적으로 사업체들이 전자상거래를 활발히 제공하고 있지만 국내보다 국외에서 더 많이 이용하고 있다고 볼 수 있다. 이러한 국가에는 아일랜드, 스위스, 영국 등이 포함된다. 마지막으로 터키, 멕시코, 슬로바키아, 폴란드, 그리스, 체코, 포르투갈, 헝가리 등은 보안서버 대수와 인터넷 이용자 수 모두 OECD 평균을 밑돌아 아직 본격적으로 전자상거래에 진입하지 않은 국가로 분류된다.[6]

한편 2005년 5월에 발표된 eMarketer의 보고서에 따르면 아시아 지역의 전자상거래 시장에서 중국, 일본 그리고 한국이 가장 주목받는 시장으로 떠오르고 있다고 했다. 이제 아시아 지역의 전자상거래시장은 전자상거래의 특성상 시공간을 초월하기 때문에 단일 시장이 아니라 뚜렷하게 성숙한 단계에 있는 국가들의 복합 시장이다. 〈그림 2-2〉에 의하면 일본이 미국보다는 일인당 연간 온라인 소비금액이 작지만 활발하게 움직이고 있어 성장 잠재력이 크다. 일본은 아시아 지역에서 가

---

6) 한국인터넷정보센터(2003), 한국인터넷통계집, 214쪽.

장 큰 시장으로 2004년도에 384억 달러를 달성했고 이는 미국의 약 1/3 규모이다. 두 번째로 큰 시장은 한국으로 63억 달러를 달성했다. 마지막으로 중국과 대만은 11억 달러로 동률 3위를 기록했다. 그러나 중국은 아시아 전자상거래 시장에서 가장 큰 잠재력을 가진 나라로 아직 온라인 사용자들이 전체 인구의 7.2%밖에 안 되기 때문에 큰 성장 잠재력을 가지고 있으며 2007년까지 2004년도의 6배 가까운 65억 달러까지 성장할 것으로 추정된다.[7]

〈그림 2-2〉 미국과 아시아 국가들의 2004년도 1인당 온라인 소비 금액

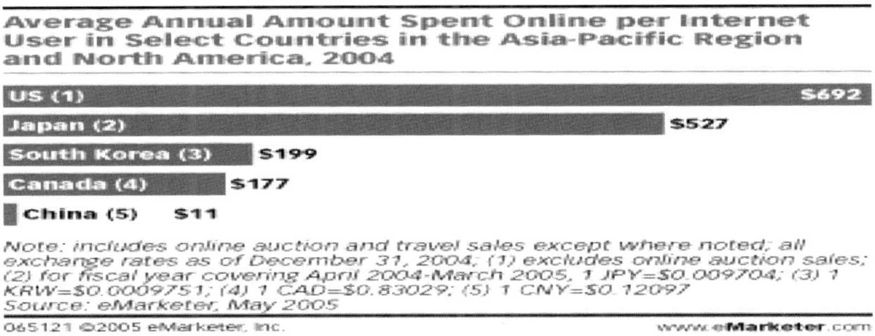

자료원: www.eMarketer.com

(2) 국내 전자상거래 현황

현재 우리나라는 정보통신부와 산업자원부를 중심으로 전자상거래 관련 정책을 수립, 집행하고 있다. 정부는 1997년 7월에 각 부처별로 추진되고 있는 전자상거래 관련 추진체계를 일원화하고자 정부통신부, 산업자원부 등 11개 관련 부처가 공동으로 범정부 차원의 전자상거래 종합 대책인 '국가 경쟁력 강화를 위한 CAL / EC 추진방안'을 발표하

---

7) www.emarketer.com의 2005년 5월 보고서를 필자가 번역한 후 재구성하였음.

여 공공 부분에서 전자상거래를 주도적으로 실시하고 이를 민간 부분에 확산시키고자 하였다. 1999년에는 2월에는 "전자거래기본법"과 "전자서명법"을 제정하여 전자상거래의 법적 기반을 마련한 데 이어 'Cyber Korea 21'과 '전자상거래 활성화 종합대책'의 발표를 통하여 전자상거래를 확산시키기 위한 정부의 세부 정책을 발표하기도 하였다.

〈그림 2-3〉 국내 전자상거래의 분기별 추이(억 원)[8]

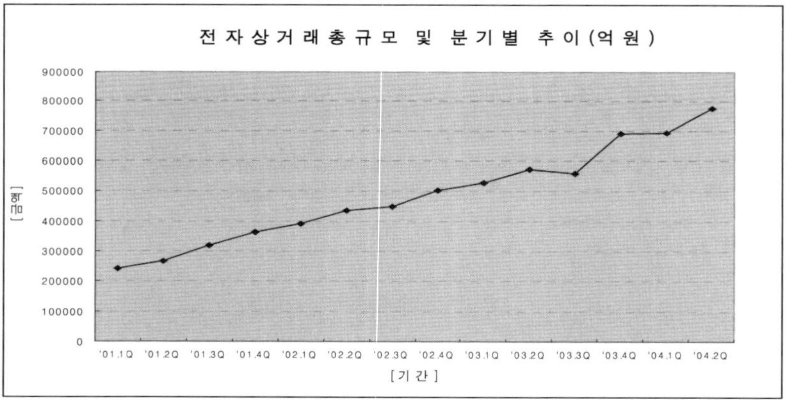

〈표 2-4〉 국내 전자상거래율 (단위: 조 원)

구 분	2000년	2001년	2002년	2003년	2004년
전자상거래액	58	119	178	235	314
증가율(%)		107	49	32	34
총 거래액	1,270	1,308	1,386	1,426	1,577
전자상거래율[9]	4.5%	9.1%	12.8%	16.5%	19.9%

자료원: 통계청, 2004

---

8) 산업자원부(2004), 2005 e-비즈니스 현황 및 전망 세미나.
9) 전자상거래율=전자상거래액 / 총 거래액.

통계청의 자료에 의하면 〈표 2-4〉에서 보는 바와 같이 인터넷을 이용한 전자상거래 총 시장규모는 2004년 기준으로 314조 원에 달해 이는 전년 대비 34%의 증가율로 총 거래금액(모든 형태의 상거래 금액)의 20%에 육박했으며 전자상거래 금액의 분기별 추이도 〈그림 2-3〉에서 보듯이 계속적으로 상승세를 나타내고 있다. 그리고 거래 종류별로는 B2B 시장이 279조 원으로 전체의 89%를 차지했고, B2C 시장은 6조 4,430억 원으로 약 2% 정도의 시장을 형성하고 있는 것으로 확인되었다. 또한 2005년 6월 사이버쇼핑몰 조사결과 총 사업체 수는 3,856개인 것으로 나타났다. 그리고 e-비즈니스 시스템 보유 현황은 아직도 대부분의 사업체(25.9%)가 기업의 운영의 효용성과 효율성 증진을 위한 관리시스템 구축을 위하여 ERP를 주로 활용하고 있으며, 다른 응용 시스템 구축은 소폭 증가 추세에 있으나 아직 미진한 상태인 것으로 조사결과 나타났다. 한편 부동산 및 임대업의 경우도 사업서비스업종과 비교하여 e-비즈니스 시스템 보유 현황이 열악한 것으로 나타났다.〈표 2-5〉

〈표 2-5〉 업종별 e-비즈니스 시스템 보유 현황[10]

(%, 복수응답)

구 분	전자입찰시스템	ERP	CRM	SCM	KMS	B2BI	HRMS	온라인교육운영관리
전 체	13.3	**25.9**	7.5	5.9	6.9	4.8	7.5	8.5
농임어업	22.2	**33.3**	5.6	5.6	16.7	11.1	16.7	11.1
광 업					20.0			
제조업	8.9	**35.1**	8.7	7.1	6.5	5.7	8.0	9.1
전기, 가스 및 수도사업	30.0	**40.0**	15.0	10.0	**20.0**	10.0	15.0	15.0
건설업	**41.2**	23.2	2.3	2.8	3.4	4.5	2.8	2.3
도소매업	13.1	27.8	**17.0**	**14.8**	14.8	10.2	15.3	**19.3**

44

구　분	전자 입찰 시스템	ERP	CRM	SCM	KMS	B2BI	HRMS	온라인 교육 운영관리
숙박 및 음식점업	4.5	17.3	10.0	3.6	0.9	1.8	3.6	2.7
운수업	7.7	22.0	5.5	9.9	5.5	3.3	13.2	11.0
통신업	**26.2**	**81.0**	**21.4**	**9.5**	**28.6**	**14.3**	**33.3**	**21.4**
부동산 및 임대업	**10.9**	**15.6**	**4.7**	**3.1**	**7.8**	**1.6**	**4.7**	**4.7**
사업서비스업	21.9	15.9	4.0	4.6	7.9	5.3	6.0	6.6
공공행정, 국방 및 사회행정	12.2	14.4	1.1	4.4	10.0		6.7	8.9
교육서비스업	11.9	5.6	1.4		1.4	0.7	1.4	8.4
보건 및 사회복지사업	2.5	6.3	3.8		1.3		1.3	1.3
오락문화 및 운동관련 서비스업	9.8	24.4	7.3	2.4	4.9	2.4	7.3	4.9
기타 공공수리 및 개인서비스업	9.9	12.1	7.7	2.2	3.3	3.3	1.1	5.5

자료원: 산업자원부

① ERP(Enterprise Resources Planning): 인사·재무·생산 등 업체의 전 부문에 걸쳐 독립적으로 운영되던 관리시스템을 하나로 통합, 기업 내의 인적·물적 자원의 활용도를 극대화하고자 하는 경영 혁신기법임.

② KMS(Knowledge Management System): 조직 내의 인적자원들이 축적하고 있는 개별적인 지식을 체계화하여 공유함으로써 기업 경쟁력을 향상시키기 위한 기업정보시스템임.

③ HRMS(Human Resource Management System): 조직의 목적을 달성하기 위하여 효율적으로 활용하여야 하는 자원 중에 인적자원의 획득·개발에 관한 활동으로 업체의 장래 인적자원의 수요를 예측하여, 업체전략의 실현에 필요한 인적자원을 확보하기 위하여 실시하는 일련

---

10) 산업자원부(2004), 2004년 업종별 e—비즈니스 현황 조사.

의 활동이라 정의함.

④ CRM(Customer Relationship Management): 기업이 고객과의 관계를 효율적으로 관리해 나가기 위해 필요한 방법이나 기구 등을 지칭하는 것으로 기존 고객이나 잠재 고객을 대상으로 1 대 1 마케팅을 하며, 고객획득보다는 고객유지에 중점을 둠.

⑤ SCM(Supply Chain Management): 공급 사슬을 시장상황에 맞도록 최적화해 경영 효율성을 높이는 활동으로 흔히 공급망 관리로 통한다. 불확실성이 큰 시장 환경에 기민하게 대응하기 위해 등장한 새로운 경영기법임.

⑥ B2BI(Business to Business Integration): 업체 내 서로 다른 응용프로그램들을 통합하는 전사적(全社的) 애플리케이션통합(EAI: Enterprise Application Integration) 시스템을 기업 간(B2B)으로 확장한 것임.

3. 부동산 전자상거래의 개념 및 유형

가. 부동산 전자상거래의 개념

인터넷의 급속한 발전은 국민경제의 중요한 축으로 자리잡고 있는 부동산 시장에도 많은 변화를 초래하였다. 우리는 인터넷을 통해 전국에 산재해 있는 부동산의 매물이나 시세를 검색할 수 있음은 물론 공동주택인 아파트의 분양 신청도 인터넷을 통해서 할 수 있다. 또한 부동산 등기부를 비롯해 토지이용 계획 확인서, 공시지가 등 부동산거래와 관련된 다양한 정보도 관공서에 가지 않고 인터넷을 통해 언제 어디서나 24시간 손쉽게 열람할 수 있는 시대가 되었다. 따라서 부동산 전자상거래에 대한 개념을 이러한 일련의 부동산 전자상거래 환경의 변화와 발달과정을 감안하고 기존 연구자들의 개념을 참고로 재정립하고자 한다. 사전적 의미로는 거래(去來, Transaction)란 일반적으로 제품 또는 서비스를 대상으로 하여 상인과 상인, 또는 상인과 고객 사이에서 이루어지는 매매행위를 말하나,[11] 부동산학에서의 거래란 부동산에 대한 각종 권리의 이동을 근거로 이루어지는 법적, 경제적 행위를 말하며 부동산의 매매, 교환, 임대차 등이 대표적인 부동산거래활동이라고 볼 수 있다.

부동산 전자상거래(Real Estate Electronic Commerce)에 대한 학문적 정의는 흔치 않으나, 부동산이라는 유형물을 인터넷과 같은 온라인(On-line)을 통하여 전자적으로 거래하는 행위를 의미한다는 주장(강병기, 2000)과 부동산이라는 유형물을 인터넷 등의 통신 네트워크를 이용하여 사실상의 매매 활동부터 법률적인 소유권 이전까지 전자적으로 거래하는 제반 행위라는 주장(노규성, 2002)이 있으며 부동산이라는 유형물을 인터넷 등의 통신 네트워크를 이용하여 전자적으로 거래하는 제반 행위로 정의하기도 한다(건설교통부 외 2001).[12]

이와 같이 부동산 전자상거래에 개념은 아직 구체적이고 명확하지 못한 것이 특징이다. 그 이유는 현재 부동산 전자상거래뿐만 아니라 일반적인 전자상거래도 산업 환경의 변화 속도가 너무 빨라 수용에 어려움이 있고 또한 새로운 영역에 대한 연구자들의 참여가 부족했기 때문이라고 생각된다. 우선 부동산 전자상거래에 대한 개념을 정리하기 위해서는 일반적인 부동산의 거래를 지원하기 위한 공공기관의 공적인 서비스와 실질적인 부동산거래를 하기 위한 사적인 서비스로 구분돼야 한다. 공적인 서비스는 부동산거래를 손쉽고 정확하게 하기 위해 각종

---

11) 네이버 백과사전 참조.
12) 이국철, 강병기(2005), 부동산 전자상거래의 단계적 적용방안 연구, 114쪽.

권리분석을 위한 관련 서류, 등기부등본, 토지이용 계획 확인서 등을 제공하고 사적인 서비스는 사용자가 인터넷 부동산 서비스 업체 등에서 매물이나 시세, 분양정보 그리고 과거 해당 부동산 관련 데이터베이스를 유상 또는 무상으로 공급하는 서비스를 말한다. 이를 종합해 보면 광의의 부동산 전자상거래는 "부동산이라는 유형물을 정보통신 네트워크를 이용하여 관련 정보 수집, 권리 분석 등의 거래 지원활동과 계약에서부터 소유권 이전 그리고 세금 납부까지 거래의 전 과정을 전자적으로 하는 제반 행위"라고 말할 수 있다. 또한 협의의 개념으로는 "부동산의 거래를 위해 인터넷 등의 통신 네트워크를 이용하여 부동산의 계약에서부터 소유권 이전, 세금 납부까지의 거래 과정만을 전자적으로 하는 행위"라고 정의할 수 있다. 한마디로 요약해서 정의하면 "인터넷 등 온라인 네트워크를 이용하여 부동산거래의 전 과정을 전자적으로 하는 제반 행위"라고 말할 수 있다.

나. 부동산 전자상거래의 유형

현실 시장에서 부동산거래는 크게 신규 부동산거래와 중고 부동산거래로 구분된다. 신규 부동산거래는 다시 주택법과 택지개발촉진법 등에서 정하고 있는 주택과 택지의 분양과 같은 법률로써 절차가 정해져 있는 법정 분양과 건축주나 분양대행사 등을 통한 임의분양 형태로 구분된다. 또한 중고 부동산거래는 법원을 통한 경매와 한국 자산관리공사의 공매 등 공공기관의 입찰형태인 공적거래와 개인 간에 이루어지는 임의거래로 구분되며, 임의거래는 개인 간의 직접거래, 부동산 중개업소를 통한 중개거래로 구분될 수 있다.

부동산 전자상거래란 상기 모든 형태의 거래를 전자적으로 행하는 것으로, 부동산거래는 사실상 유형물인 부동산을 거래함에도 불구하고, 실질적으로는 부동산에 대한 소유권이나 지상권, 지역권, 임차권 등 권리의 이전 형태로 나타난다.[13]

기존의 연구 성과들을 종합해 보면 부동산 전자상거래는 〈표 2-6〉와 같이 서비스 범위나 거래 내용, 운용 주체 등에 따라 유형별로 분류할 수 있다.

〈표 2-6〉 부동산 전자상거래의 유형[14]

구분 기준	명 칭	내 용
서비스 범위	협의의 부동산 전자상거래	거래계약 체결부터 대금 지급, 소유권 이전, 세금 납부까지의 단계에 포함되는 모든 거래 행위를 지원하는 시스템
	광의의 부동산 전자상거래	협의의 부동산 전자상거래를 포함하여 부동산거래의 사전 행위와 사후 행위를 포함하는 거래활동 전반에 걸쳐 지원하는 시스템
거래 내용	일반적 부동산 전자상거래	개인 간의 자유로운 의사에 의해 부동산의 매매나 교환, 임대차 등의 거래 계약을 지원하는 시스템
	부동산 전자입찰	전자적 방법에 의해 수행되는 부동산의 경매나 공매를 지원하는 시스템
	부동산 전자분양	주택이나 택지 등의 분양과 관련된 업무를 지원하는 시스템
운용 주체	공적 부동산 전자상거래	정부 등 공적 주체가 서비스하는 부동산 전자상거래 시스템 예)부동산거래관리시스템 및 각종 부동산 관련 증명서 발급 서비스
	사적 부동산 전자상거래	개인이나 기업에 의해서 서비스되는 부동산 전자상거래 시스템 예)인터넷 부동산 서비스 등
평가 인증 여부	공인 부동산 전자상거래	현행 전자상거래 등에서의 소비자보호에 관한 법률 제29조에 근거한 평가, 인증 사업자로부터 평가 인증을 받은 시스템
	비공인 부동산 전자상거래	상기 평가, 인증 사업자로부터 평가, 인증을 받지 않은 시스템

---

13) 이국철, 강병기(2005), 상계논문, 114쪽.
14) 이국철, 강병기(2005), 상계논문, 115쪽 〈표 2〉를 필자가 일부 수정 보완.

다. 인터넷의 발달이 부동산 유통시장에 미칠 영향

전반적인 변화에 대한 전망은 인터넷과 전자상거래의 발달로 중개업의 역할과 비중이 급격히 축소될 것이라는 것이 일반적인 예측이었으나 그 비중이 단순히 축소되기보다는 오히려 강화되는 측면이 많았고 인터넷 중개업은 전자상거래 비즈니스 중에서도 각광받는 모델로 등장하였다. 인터넷의 발달에 따른 중개업의 유형 변화 가능성을 살펴보면 다음과 같다.[15]

(1) 탈중개화 가능성(disintermediation): 인터넷의 등장에 따른 거래비용의 감소 효과로 인해 중간 유통 단계를 생략하게 되는 경우

(2) 인터넷 직거래 가능성(internet supplemented direct markets): 기본적으로 중개의 필요성과 기능이 유지되면서 전통적인 중개업자가 변신하는 경우

(3) Reintermediation: 기존 중개업이 인터넷 중개업으로 대체되거나 보강되는 경우

(4) Cybermediaries: 기존에는 존재하지 않던 새로운 역할을 수행하는 경우로서 e-Bay와 같은 소비자 대상 인터넷 경매 사이트나 거래 중개뿐만 아니라 지불 대행, 인증, 정보검색 등 새로이 등장한 소비자 수요를 충족시키는 경우

한편 인터넷 부동산 서비스의 경우에는 부동산의 특성인 고정성, 유일성, 고가성 등을 고려하면 부동산 유통시장에서 공간제약의 극복, 개별적 정보제공, 적시에 정확한 정보제공, 유관기관과의 관계 등에 대한 요구사항이 있을 수 있다. 또한 인터넷은 공간과 시간제약의 극복, 개

---

15) 안일태 외(2000), 「인터넷 중개업의 시장구조분석」, 정보통신정책연구원, 66-79쪽 참조.

별적인 마케팅, 상호작용 및 데이터베이스 활용, 통합(Integration) 등의 특성을 갖고 있어 부동산 유통시장의 요구사항과 인터넷의 특성이 맞물릴 경우 정보통신기술의 결정체인 인터넷의 발전이 부동산 유통시장에 미칠 영향을 정리하면 다음과 같다.

(1) 직접거래 수단으로서의 기능(예: 인터넷 분양, 인터넷 공매 등)

(2) 유통시장에 정보를 제공하는 간접적인 역할

　　(예: 매물, 분양 정보 등)

(3) 개별적인 마케팅 도구

　　(예: 고객 DB, GIS, 동영상 물건정보 제공 등)

(4) 커뮤니케이션에서 전자상거래(e-Commerce)로의 전환

(5) 유관기관과의 시스템 통합

　　(예: 부동산 관련 공공기관, 금융기관 등)

4. 인터넷 부동산 서비스산업의 현황 및 전망

가. 국내 인터넷 부동산 서비스의 역사

부동산 정보를 기반으로 한 사업은 이미 오래전부터 부동산 시장을 구성하는 하나의 요소로서 영위되어 왔다. 국내에서도 이미 오래전부터 현대주택신문, 부동산 일요신문, 부동산 경제신문 등이 부동산 관련 정보 전문신문(주간지)으로서 활동을 하였고 또한 부동산 정보 전문 매체(격주간지)인 부동산뱅크, 부동산플러스 등이 80년대부터 90년대 후반까지 부동산 정보의 메카로 자리를 잡고 왕성한 활동을 한 것이 부동산 정보서비스 사업의 시초라고 할 수 있다. 매체를 활용한 부동산

정보업체들이 PC 보급률의 증대와 정보통신기술의 급속한 발전으로 인해 90년대 후반부터 천리안, 두루넷 등을 활용한 PC 통신사업을 한 것이 인터넷 부동산 서비스산업의 모태라고 볼 수 있다. 또한 대부분 부동산 정보 서비스 업체의 수익모델은 인터넷이 부동산 정보시장에 도입되기 전까지 종이매체를 활용한 부동산 정보업체들(부동산뱅크, 부동산플러스 등)이 중개업소 광고시장을 점령하고 있던 시기였으나, PC의 보급률 증가와 인터넷 확산으로 수많은 신생 사업자들이 중개업소를 대상으로 하는 부동산 정보사업에 참여하게 되었다. 이때 거래정보망 사업자가 등장하게 되었고 까치라인, 킴테크, 텐, 아시아나정보통신 등 다양한 업체들이 미국의 MLS(Multiful Listing Service) 등을 표방한 중개업소 간의 폐쇄 네트워크 사업이 등장하게 되었다. 이 밖에 전국부동산협회[16]의 중개업소를 위한 거래정보망도 탄생하게 되었다.

이들 업체들은 치열한 경쟁 속에서 서로 거래정보망 사업의 우위를 점령하기 위해 다양한 사업을 전개하게 되는데, 먼저 홈페이지 구축 사업이 그것이다. 대표적인 업체로는 킴테크가 있었고, GIS를 활용한 홈페이지 유료 제작이라는 수익모델이 등장한 시기이기도 하다. 또한 1998년부터는 중개업소에 프랜차이즈 사업 모델이 도입되기 시작하였다. 미국의 센츄리21, ERA가 99년 프랜차이즈 시장을 확대하는 계기를 만들었고, 이 시기에 많은 토종 인터넷 부동산 서비스 업체인 부동산랜드, 부동산뱅크, 부동산플러스, 부동산써브 등이 국내 중개업소 시장을 놓고 사활을 건 한판을 벌인 시기이기도 하다. 매체를 활용한 프랜차이즈 업체 및 거래정보망 사업을 기반으로 하는 업체들이 계속적으로 중개업소 시장에 진입하였다. 동시에 새롭게 부동산 정보 시장에 뛰어들어 활동하기 시작한 신생 업체는 IT벤처 붐을 타고 인터넷을 기

---

16) 현재는 대한공인중개사협회와 한국공인중개사협회로 이원화되어 있음.

반으로 부동산 정보사업을 표방한 부동산114, 삼성물산과 신한은행 등 대기업의 출자를 받아 중개업소 프랜차이즈 사업에 뛰어든 유니에셋, 주택은행(현 국민은행)의 출자를 받은 코아셋과 우리집닷컴, 대기업 한화에서 운영하는 한화리츠, 스피드뱅크, 중앙일보에서 분사한 조인스랜드, 국민은행 등으로 중개업소 네트워크를 기반으로 하는 다양한 사업 모델을 표방하고 활동하기 시작했다. 이들 신생 업체들이 태동하면서 중개업소 시장은 많은 변화를 겪게 된다. 이 시기에 프랜차이즈, 거래정보망, 인터넷 부동산 서비스 사업 등이 부동산 유통시장에 혼재되면서 그동안 부동산 유통시장의 특성인 정보의 비공개성이 다소 해소되어 정보의 비대칭성이 줄어들고 정보통신기술과 부동산 유통시장의 접목으로 인해 부동산 유통시장의 구조가 급속하게 변화되었고 새로운 사업 영역이 발생하기도 하였다.

한편, 신생 업체들은 인터넷을 기반으로 하고 있기 때문에 사업 초기에 발생하는 회사의 인지도 및 선호도를 높이기 위해 인터넷 포탈서비스 업체인, 야후, 다음, 네이버 등과의 제휴를 놓고 각축전을 벌이기 시작한다. 이 시기에 야후와 손을 잡은 스피드뱅크는 야후의 후광으로 인해 중개업소를 대상으로 한 포지션 구축이 경쟁사 대비 상대적으로 쉽게 이루어졌고 최근에는 네이버의 포털서비스 시장 1위 탈환으로 인한 간접 효과를 누리고 있다. 현재는 부동산114를 선두로 하여 부동산뱅크, 스피드뱅크 그리고 그동안 커뮤니티로 인터넷 사업 기반을 닦고 새로운 도약을 시도하는 닥터아파트 등이 인터넷 부동산 서비스 시장에서 선두 그룹을 형성하면서 나아가고 있다.

나. 인터넷 부동산 서비스산업의 현황

인터넷 부동산 서비스 회사는 부동산 관련 데이터를 수집 가공하여 필요한 정보로 만든 후 인터넷을 통해 일반 수요자에게 전달하는 서비스를 하는 업체를 말한다. 인터넷 부동산 서비스는 크게 나누어 3종류로 분류할 수 있는데 첫째, 부동산 정보제공 서비스로 서비스 업체들이 각각 수집한 데이터를 가공하여 정보로 만든 후 정보 수요자들에게 웹사이트를 통해서 유료 또는 무료로 제공하는 서비스를 말한다. 부동산 뉴스, 시세, 매물, 분양, 기타 부가 서비스가 이에 속한다. 둘째, 커뮤니케이션 서비스로 인터넷의 고유 특성인 쌍방향성을 이용하여 서비스 이용자 상호간에 정보를 교환하는 커뮤니티 서비스와 부동산 전문가들이 일반인들에게 제공하는 전문가 상담코너 등이 이에 속한다. 마지막으로 부동산투자 의사결정 시스템이 있는데 이는 약식 감정이나 권리분석 등을 프로그램화시켜 이용자들이 쉽게 정보를 취득할 수 있게 하는 서비스이다. 2005년 8월 24일 현재 랭키닷컴의 웹사이트에 등록된 인터넷 부동산 서비스 업체의 순위정보 〈표 2-7〉에 의하면 약 100여 개의 업체 가운데 시장점유율 23%를 차지하고 있는 부동산114가 업계 1위를 고수하고 있고 2위는 부동산뱅크, 3위 닥터아파트, 4위 스피드뱅크 순으로 등록되어 있다.

**〈표 2-7〉 인터넷 부동산 서비스 회사별 순위정보
(2005년 8월 24일 기준)[17]**

분야순위	사이트 명/기업 명	전체순위	분야 점유율	도달율	전체 점유율	일 평균 방문자 수	일 평균 페이지 뷰
1 -	부동산114	84 ▲1	23.06%	1.26%	회원	183,107	2,789,468
2 -	부동산뱅크	121 ▲1	14.54%	0.70%	회원	104,372	1,533,511
3 -	닥터아파트 PLUS	125 -	14.06%	0.66%	회원	98,392	1,834,756
4 -	스피드뱅크	142 ▼3	12.43%	0.64%	회원	97,068	1,096,264
5 -	중앙일보 조인스랜드	238 ▼7	7.75%	0.36%	회원	54,101	729,367
6 -	부동산써브 PLUS	421 ▲3	4.19%	0.20%	회원	30,852	313,649
7 -	파인드하우스	437 ▼1	3.96%	0.21%	회원	31,019	667,001
8 -	유니에셋	613 ▼24	2.73%	0.15%	회원	22,225	192,613
9 -	텐커뮤니티	823 ▼50	2.04%	0.10%	회원	14,706	104,089
10 -	부동산투유	997 ▼16	1.71%	0.09%	회원	14,015	84,274

또한 인터넷 부동산 서비스 업체들의 가장 큰 매출 비중을 차지하고 있는 온라인 매물회원 가맹점 현황을 보면 2005년 8월 현재 부동산114가 가장 많은 가맹점 수를 보유하고 있으며 2위는 스피드뱅크가 그리고 뒤를 이어 부동산뱅크와 부동산써브, 유니에셋 등이 중개업소 시장에서 활동하고 있다〈표 2-8〉.

〈표 2-8〉 온라인 가맹점 현황(2005년 8월 현재)

구 분	부동산114	스피드뱅크	부동산뱅크	부동산써브	유니에셋
총 계	13,300	12,320	6,300	6,160	4,300

자료원: 부동산114 외, 2005

한편 오프라인 프랜차이즈 가맹점은 지역성을 띠고 있으므로 지역 상권을 주는 조건으로 부동산 정보업체의 브랜드를 사용하는 중개업소를 말하며 가맹비와 연회비를 내고 부동산 정보업체로부터 각종 부동산 중개와 관련한 서비스를 제공받고 있다. 오프라인 프랜차이즈는 전

---

17) http://www.rankey.com 참조.

국적인 벼룩시장 네트워크를 가지고 있는 부동산 써브가 가장 많은 회
원 수를 보유하고 있으며 다음으로는 스피드뱅크와 부동산뱅크가 뒤를
잇고 있다. 그러나 온라인 가맹점 보유 순위 1위인 부동산114는 오프라
인 프랜차이즈 부분에서는 4위인 것으로 나타났다〈표 2-9〉.

〈표 2-9〉 오프라인 프랜차이즈 가맹점 현황(2005년 8월 현재)

구 분	부동산114	스피드뱅크	부동산뱅크	부동산써브	유니에셋
수도권	520	658	590	518	485
5대 광역시	80	120	44	381	57
도소재지 지역	40	32	16	101	18
총 계	640	810	650	1,000	560

자료원: 스피드뱅크 외, 2005

위의 온라인 가맹점 수와 오프라인 프렌차이즈 가맹점 수를 갖고 〈표
2-10〉과 같이 회사별 온라인 지수를 개발하여 회사별로 온라인화 진행
정도를 분석해 보았다. 분석결과 부동산114가 회사의 업무 영역이 가장 온
라인화되어 있었고 다음으로 스피드뱅크 순으로 나타났다. 이 두 회사는
인터넷을 기반으로 뒤늦게 부동산 정보사업에 뛰어든 회사로서 인터넷 부
동산 서비스 시장에서 신속하게 포지션을 구축한 회사라고 볼 수 있다.

〈표 2-10〉 인터넷 부동산 서비스 회사의 온라인 지수[18]

구 분	온라인 가맹점 수	오프라인 가맹점 수	온라인 지수
부동산114	13,300	640	20.8
스피드뱅크	12,320	810	15.2
부동산뱅크	6,300	650	9.7
부동산써브	6,160	1,000	6.2
유니에셋	4,300	560	7.7

한편, 인터넷 부동산 서비스 회사들의 매출 구조를 조사한 결과 〈그림 2-4〉에 의하면 업체마다 다소 차이는 있지만 일반적으로 중개업소를 대상으로 하는 온라인 가맹점과 오프라인 프랜차이즈 가맹점을 통한 매출액이 전체 매출액의 70%를 차지하고 있으며 기업이나 분양광고로부터 20%의 수입 그리고 데이터베이스 판매, 전문가 상담, 보험, 교육 등 기타 부가 서비스로부터의 수입이 10% 정도 되는 것으로 나타났다. 특히 독자적인 브랜드 파워를 가지고 있는 회사일수록 중개업소 매출 비중이 상대적으로 낮았고 브랜드 파워가 낮은 회사일수록 중개업소를 통한 매출 비중이 높은 것으로 나타났다.

<〈그림 2-4〉 인터넷 부동산 서비스 업체의 매출 구조

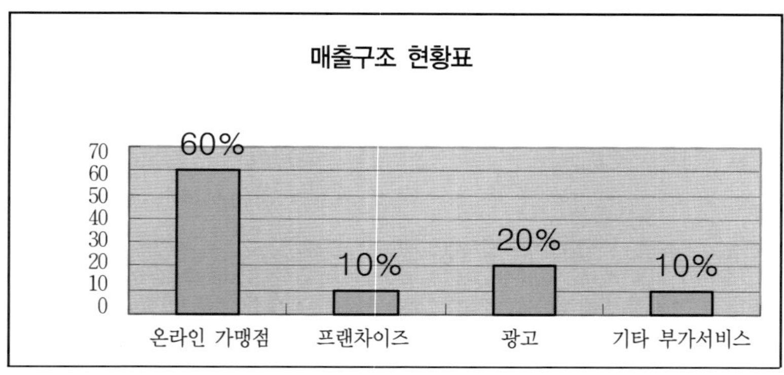

자료원: 부동산114 외, 2005

---

18) 온라인 가맹점 수 / 오프라인 가맹점 수＝온라인 지수(상대적인 개념의 수치임).

다. 인터넷 부동산 서비스산업의 발전 방향 및 전망

(1) 인터넷 부동산 서비스산업의 발전 방향

부동산은 일반 재화와는 달리 위치의 고정성(부동성), 공급의 한정성
(부증성), 내구성, 이질성, 개별성, 영속성, 상품의 고가성, 대규모 거래
비용, 외부 효과 등의 다양한 특성을 지니고 있다. 이러한 특성으로 인
해 부동산 시장은 필연적으로 불완전 경쟁시장의 형태를 띠게 되며 특
히 부동산의 위치의 고정성과 이질성, 내구성은 토지의 소유자가 개별
부동산에 대해 독점이 가능하기 때문에 시장을 국지화시키는 역할을
한다. 또한 부동산은 수요와 공급의 조건에 따라서 이동할 수 없다는
점과 유사성과 표준성을 갖추고 있지 못하고 있다는 이질적인 특성으
로 인해 부동산을 구입하려는 수요자는 개별 부동산에 대한 정확한 정
보를 알기 위해 현장을 방문한 후 철저하게 조사해야 한다. 그러나 개
별성과 이질성으로 인해 다른 부동산과 상대적으로 비교하는 일이 쉽
지 않으므로 부동산 간의 경쟁이 불완전하게 된다. 이러한 지역적 경쟁
은 상업용 부동산보다는 주거용 부동산의 경우가 더욱 심하다. 상업용
부동산의 투자자들은 개인에 비해 정보도 더 많고 시간과 비용을 들여
서 가치 있는 정보를 수집할 경우가 많기 때문이다.[19]

부동산 전자상거래는 "부동산이라는 유형물을 정보통신 네트워크를
이용하여 관련 정보 수집, 권리 분석 등의 거래 지원활동과 계약에서부
터 소유권 이전, 세금 납부 그리고 사후 관리까지 거래의 전 과정을 전
자적으로 하는 제반 행위"라고 정의하지만 현재 인터넷 부동산 서비스
를 하고 있는 회사들은 계약에서 소유권 이전까지의 전자상거래 행위

---

19) 조주현(2004), 「부동산학원론」, 건국대학교출판부, 41 −51쪽.

보다는 정보제공 그 자체에 국한된 서비스를 제공하고 있다. 이는 아직 우리나라가 부동산 전자상거래를 하기 위한 인프라가 아직 구축되지 않은 상황이기 때문이다. 또한 부동산 시장이 지역 시장성, 거래정보의 비공개성, 비표준화 등의 3대 특성으로 인해 불완전 경쟁시장의 형태를 띠고 있어 이러한 시장의 특성이 선결이 되어야 부동산 전자상거래가 본격적으로 실시될 수 있는 있는데 아직은 시기상조라고 할 수 있다. 또한 현재 인터넷 부동산 서비스 업체들도 인터넷을 기반으로 중개업 소들을 대상으로 한 매물광고와 시세제공, 그리고 배너광고가 회사의 주된 수입원이기 때문에 실질적인 부동산 전자상거래의 정의에 부합된 전자상거래는 아직 이루어지지 않고 있다. 따라서 인터넷 부동산 서비스 회사들은 우선 부동산 정보의 상품화라는 사업 목적을 달성하기 위해 지속적으로 수익모델 창출에 노력을 해야 한다. 이를 위해 소비자들에게 양질의 부동산 정보를 제공함은 물론 투자의사 결정을 위한 다양한 솔루션들을 개발해야 한다. 이는 결국 회사의 존재이유가 수익창출에 있고 수익창출은 고객만족을 통해서 이루어질 수 있기 때문이다.

(2) 인터넷 부동산 서비스산업의 전망

우리나라는 IMF의 통제에서 벗어나자마자 부동산 가격이 무섭게 오르게 되었고, 그 이후 정부에서는 현재까지 부동산 시장을 안정시키기 위한 다양한 정책을 내놓고 있으나 2005년 8월 현재 정부도 부동산 정책의 실패를 인정하였듯이 그동안 시장의 실패로 인한 정부의 부동산 시장개입은 국민들에게 정책의 실패로 인한 비용만 부담시키는 결과를 초래하였다. 그러나 부동산 시장의 장기적인 안정을 위해서는 부동산 유통시장의 투명성 확보와 더불어 공평과세의 원칙이 먼저 수립이 되어야 하기 때문에 정부가 2006년 1월 1일부터 실시 예정인 부동산거래

관리시스템이 성공적으로 운영되어야 부동산 전자상거래를 위한 토대를 마련할 수 있다고 본다.

한편 인터넷 부동산 서비스 업체의 입장에서는 앞으로 예상되는 정부의 과도한 시장개입은 시장의 메커니즘을 왜곡시키고 위축시켜 부동산거래의 급격한 감소 현상을 초래하기 때문에 인터넷 부동산 서비스 업체들에게도 영향을 줄 것이다. 특히 부동산 시장의 급격한 세제 개편은 거래의 동결효과로 인해 필연적으로 부동산거래가 줄어들면서 중개업소에 수입에 영향을 줄 것으로 예상된다. 중개업소의 경영이 어려워지면 중개업소의 가맹비가 주 수입원이던 인터넷 부동산 서비스 업체의 매출에 직접적으로 큰 영향을 줄 것으로 예상되며 또한 이러한 현상은 야후, 다음, 네이버 등 인터넷 포탈 서비스 업체들에게도 간접적인 영향을 줄 것으로 판단된다.

그리고 지금까지 인터넷 부동산 서비스 업체들의 입점비가 주된 수입원이던 대형 포털 서비스 회사들이 더 이상 인터넷 부동산 서비스 업체를 통한 매출만으로는 매출 증대의 한계성을 예측하게 되면서 향후 시장은 대형 포털 서비스 회사들이 인터넷 부동산 서비스 사업에 직접 뛰어들게 되는 형국으로 바뀔 전망이다. 실제로 이런 조짐은 포털 서비스 업체들의 조직이 인터넷 부동산 서비스 업체의 경력을 가진 인력으로 채워지면서 더욱 구체화되고 있고 대형 포털 서비스 회사들이 매출의 극대화와 경쟁력 확보라는 명분과 실리 앞에서는 실제로 직접 시장에 뛰어들 가능성이 높다고 본다. 그 밖에 정부의 실거래가 등록 및 등기부 등본을 통한 실거래가 시세제공 등은 기존의 인터넷 부동산 서비스 업체에 큰 위협 요인으로 작용할 것이며 동시에 이러한 부동산 시장의 변화는 인터넷 부동산 서비스 시장 및 업체에 많은 변화를 가져다줄 것으로 예상된다. 이러한 부동산 시장의 변화에 유연하게 대처하기 위해서 인터넷 부동산 서비스 업체들은 서비스 품질의 차별화를 시도할 것이며 수익모델의 개발과 변환에 더욱 박차를 가할 것으로 예상된다.

먼저 인터넷 부동산 서비스 업체 중에서 오프라인 사업(시행, 분양대행, PM 등)을 병행하는 업체들은 오프라인에 더욱 집중할 것으로 예상된다. 그리고 인터넷 비즈니스의 특징인 선점의 효과를 누리고 있는 선두업체들은 새로운 업체들의 진입을 막기 위해 진입장벽을 더욱 높이고 시장점유율 및 브랜드 파워를 높이는 데 더욱 힘을 쏟을 것이다.

마지막으로 시장에서의 경쟁력 확보를 위한 수단으로 중소 인터넷 부동산 서비스 업체들의 합종연횡이 예상되며 다중매물 솔루션 및 부동산 정보협회 등이 그 중심에 있을 것으로 예상된다.

5. 정부의 부동산 정보화 정책 추진현황

가. 부동산 정보 관리현황

정부의 부동산 관련 전산자료는 관련 부처에서 개별적으로 시스템을 구축하여 운영하고 있기 때문에 부처 상호간에 유기적으로 정책수립에 필요한 정보를 구축하지 못하고 있으며, 부처별 자료 형태 및 갱신주기가 상이하여 전국의 토지·건물에 대한 개인별·세대별 보유현황에 대한 연중 수시 파악이 불가능하여 종합부동산세 과세를 비롯한 각종 부동산 정책을 지원하기 위한 종합적인 정보 파악이 어렵게 되어 있다. 현재 우리나라의 부동산 관련 정보체계 및 근거규정은 〈표 2-11〉와 같다.[20] 따라서 정부의 각 부처별로 흩어져 있는 부동산 관련 자료와 정보를 상

---

20) 김용창(2004), 「한국의 토지 주택정책」, 부연사, 286쪽.

시적으로 부동산 정책 목표에 맞게 수집하고 가공하기 위해서는 통합된
솔루션에 의한 부동산거래관리시스템 도입이 반드시 선행 되어야 한다.

<표 2-11> 부동산 관련 정보 및 시스템 현황표

구 분	소관 부처	대상 자료	관련시스템 및 근거	비 고
토 지	행 정 자 치 부	지적전산 자료	·지적정보센타(지적법 42조) - 출력물: 개인, 세대별 토지소유현황 - 활용도: 개인별 토지소유현황 및 각종 지적통계	시군구토지 (임야) 대장 및 지적 전산자료 활용
		종합 토지세 과세자료	·종합토지전상망(지방세법 234조의 18) - 출력물: 과세, 비과세면적, 과세대상인원 및 과 표, 부과세액 - 활용도: 종합토지세 부과 및 전국 체납자 재산 조회	시군구 지방세 시스템 활용
	국 세 청	양도 소득세 과세자료	·양도세 전산망(소득세법 제1조제1항) - 출력물: 양도소득세, 상속증여세 자료 - 활용도: 과세자료	등기전산망 (대법원)참조 활용
	건 설 교 통 부	공시지가 자료	·토지종합정보망(국토계획법) - 출력물: 부동산매매계약서 검인대장, 토지거래 현황, 개별공시지가확인서, 지가열람부 빛 각종 통계 - 활용도: 부동산거래내역 및 공시지가 정보제공	
건 축 물	건 설 교 통 부	건축행정 전산망 자료	·건축행정전산망(건축법 25조의3) - 출력물: 건축물현황(대지위치, 연면적, 용도, 구조 등), 소유자 현황(이름, 주민번호, 주소 등) - 활용도: 재산세, 종합토지세, 취득세, 면허세 등 과세자료	
	국 세 청	양도 소득세 과세자료, 기준시가	·양도세 전산망: 토지부문 참조	
	시 군 구	재산세 과세자료	·재산세 과세자료(지방세법 181조) - 출력물: 과세, 비과세면적, 과세대상인원 및 부과세액 - 활용도: 각 지자체별 재산세 부과	

자료원: 행정자치부, 2004

〈표 2-11〉 부동산 관련 정보 및 시스템 현황표

구 분	소관 부처	대상 자료	관련시스템 및 근거	비 고
토지	행정자치부	지적전산 자료	·지적정보센타(지적법 42조) - 출력물: 개인, 세대별 토지소유현황 - 활용도: 개인별 토지소유현황 및 각종 지적통계	시군구토지 (임야) 대장 및 지적 전산자료 활용
		종합 토지세 과세자료	·종합토지전상망(지방세법 234조의 18) - 출력물: 과세, 비과세면적, 과세대상인원 및 과표, 부과세액 - 활용도: 종합토지세 부과 및 전국 체납자 재산 조회	시군구 지방세 시스템 활용
	국세청	양도 소득세 과세자료	·양도세 전산망(소득세법 제1조제1항) - 출력물: 양도소득세, 상속증여세 자료 - 활용도: 과세자료	등기전산망 (대법원)참조 활용
	건설교통부	공시지가 자료	·토지종합정보망(국토계획법) - 출력물: 부동산매매계약서 검인대장, 토지거래 현황, 개별공시지가확인서, 지가열람부 빛 각종 통계 - 활용도: 부동산거래내역 및 공시지가 정보제공	
건축물	건설교통부	건축행정 전산망 자료	·건축행정전산망(건축법 25조의3) - 출력물: 건축물현황(대지위치, 연면적, 용도, 구조 등), 소유자 현황(이름, 주민번호, 주소 등) - 활용도: 재산세, 종합토지세, 취득세, 면허세 등 과세자료	
	국세청	양도 소득세 과세자료, 기준시가	·양도세 전산망: 토지부문 참조	
	시군구	재산세 과세자료	·재산세 과세자료(지방세법 181조) - 출력물: 과세, 비과세면적, 과세대상인원 및 부과세액 - 활용도: 각 지자체별 재산세 부과	

자료원: 행정자치부, 2004

나. 부동산거래관리시스템(RTMS)의 구축

부동산 관련 정보 및 관리현황에서 살펴본 바와 같이 수많은 부동산 관련 자료들이 각기 다른 목적과 방식으로 집계되고 있어 이를 하나의 시스템으로 통합하는 작업은 쉬운 일이 아니다. 또한 통합된 시스템이 정부의 부동산 정책과 경제정책을 효과적으로 지원하기 위해서는 자료의 주기적인 갱신과 정보 생성 및 보고 그리고 자료의 축적이 필수적이다. 따라서 종합부동산 정보관리시스템을 조기에 정착시키고 그 기능을 발휘하기 위해서는 토지이용기본법 등과 같은 상위법을 제정하여 그 의미와 기능을 명시하고, 이와 연관이 있는 관계법의 정비가 필요하다. 그리고 우선적으로는 행정자치부의 주민·지적전산망, 건설교통부의 주택·토지전산망, 국세청의 양도세전산망을 연결하여 인별·세대별 토지, 주택, 기타 건물에 대한 보유현황을 연중 지속적으로 파악할 수 있어야 하며, 이를 통해 보유세 및 양도세 강화정책, 부동산 투기대책에 필요한 정보를 신속하게 지원할 수 있어야 한다.[21]

또한 정부의 입장에서는 공적인 서비스로서의 부동산 전자상거래를 실시함으로써 행정비용의 감소와 거래의 투명성 확보로 인해 부동산 관련 세원의 정확한 포착이 가능하고 일반 부동산거래 당사자 입장에서도 부동산 구매 및 판매를 위한 정보의 탐색비용이 절감되어 거래비용이 줄어들기 때문에 다양한 형태의 부동산 전자상거래를 하기 위한 시도는 계속될 것으로 전망된다.

한편 정부는 부동산 시장의 투명성과 공평과세 기반을 구축하기 위하여 이미 부동산거래관리시스템(RTMS: Real estate Trade Management System)을 개발 완료한 후 시범 운영 중에 있으며 2006년 1월 1일부터는

---

21) 김용창(2004), 상게서, 292쪽.

관리시스템에 의한 부동산 실거래가 신고 및 거래가격의 적정성 검증을 전국적으로 실시할 예정이다〈그림 2-5〉. 또한 정부는 부동산거래관리시스템을 효율적으로 운영하기 위해서 요즈음 우리 사회의 큰 문제로 대두되고 있는 부동산 투기와 탈세의 원인이 되는 이중계약서 작성을 금지하고, 실거래가격 신고 의무화 내용을 골자로 하는 "공인중개사의 업무 및 부동산거래신고에 관한 법률"을 이미 개정('05. 6. 30)한 바 있다. 부동산거래관리시스템은 부동산거래의 신고와 신고가격의 적정성 여부 및 행정기관 간의 정보공유 등 부동산 관련업무가 유기적으로 연계될 수 있도록 4개의 시스템으로 구성되어 있으며, 업무 흐름은 다음과 같다.

먼저 거래당사자 또는 중개업자가 인터넷을 통해 시·군·구청의 부동산거래신고시스템에 접속하여 부동산거래를 신고하면, 접수된 신고서는 자동으로 건축물대장 등과 대조되어 온라인으로 신고필증이 발급되며 신고 처리된 부동산은 거래가격 적정성 진단시스템에서 공동주택, 토지, 단독주택별로 적정 여부를 판정하고 거래가격 적정성 진단결과와 부동산거래신고, 토지거래허가, 주택거래신고, 판결, 증여 등 검인 자료는 유관기관 정보공유시스템을 통해 대법원, 국세청, 광역자치단체, 시·군·구 지방세과 등과 공유하게 된다. 또한 통계 및 분석시스템은 부동산거래신고 자료와 검인자료를 통합하여 토지거래통계, 건축물거래통계 등을 자동으로 작성하여, 지자체 및 중앙 부처의 부동산 정책의 수립과 집행을 위한 자료로 활용하게 된다.22)

---

22) 건설교통부(2005년 8월 2일), 부동산 실거래가격 확보를 위한 부동산거래 관리시스템 구축 현황 참조.

〈그림 2-5〉 부동산거래관리시스템(RTMS)의 서비스 구조도

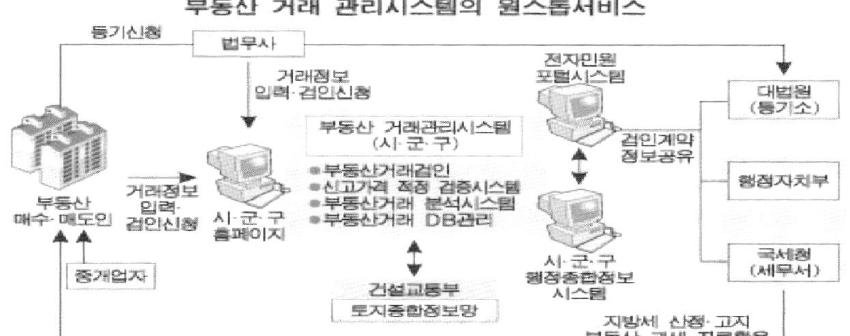

자료원: 건설교통부, 2005

제 2 절 인터넷 서비스의 품질평가

오늘날 소비자들은 과거에 받았던 서비스보다 더 높고 더 일관된 품질의 서비스를 제공받으려는 기대를 가지고 있으며 이 기대는 점점 커지고 있다. 바로 이 점이 서비스산업에서 품질 경영에 중점을 두도록 만드는 가장 큰 영향 요인이다. 서비스 품질은 사용자의 인식과 평가에 의해 주관적으로 결정된다. 서비스 속성의 집합이 사용자를 만족시키는 정도가 서비스의 품질이라고 말할 수 있다. 이것을 흔히 기대에 대한 인식의 일치라고 한다.

따라서 사용자가 요구하는 서비스의 속성이 특정 서비스에 정의되어 있고, 또 그것에 부합되는 정도와 이러한 속성에 대한 요구수준이 성취되어 사용자에게 인식되는 정도로 품질은 구성된다고 볼 수 있다.[23]

본 절에서는 서비스 품질의 결정 요인, 서비스 품질의 평가, 인터넷 서비스 품질의 평가척도(e-SERVQUAL)에 대해 이론적 고찰을 하고자 한다.

1. 서비스 품질의 결정 요인

오늘날은 정보화 사회, 서비스 시대라고 한다. 우리 사회의 모든 영역에서 서비스는 이제 빼놓을 수 없는 중요한 부분으로 자리를 잡고 양적인 면과 질적인 면에서 발전을 거듭하고 있다. 또한 서비스라는 용어가 모든 영역에서 다양하게 사용되다 보니 용어에 대한 개념도 영역에 따라 다르게 정의되고 있어 일반 사람들에게 혼란을 가져다주는 것이 현실이다.

서비스의 개념은 어떤 행위(deeds), 과정(process) 및 그 결과로서의 성과(performance)를 뜻한다. 학교에서 교육을 받거나 병원에서 의사의 진료를 받는 일, 인터넷을 통해 정보탐색이나 전자우편, 전자상거래를 하는 일, 소매점에서 물건을 구매하는 일, 여행사를 통해 관광하는 일 등 어느 한쪽이 다른 쪽을 위해 수행하는 일련의 행위나 과정 또는 성과는 모두 서비스의 형태를 지니게 된다.[24] 또한 서비스는 소비자들의 경제적, 사회적 효용에 대한 기대의 증가에 따라 다양해진 욕구를 충족시키기 위해 공급자들에 의해 개발되며, 서비스의 특성은 서비스의 성격상 아주 다양하다. 서비스가 마케팅 활동의 독특한 영역으로 취급되어야 하는 근거로서 그 특성을 살펴보고 제품과 서비스의 차이점을 정리하면 〈표 2-12〉와 같다.

---

23) 송종태(2003), "서비스 품질이 고객만족과 재구매 의도 및 구전 커뮤니케이션에 미치는 영향", 원광대학교 박사학위논문, 7쪽.
24) 이영희(2003), 「에센스서비스마케팅」, 청목출판사, 13쪽.

<표 2-12> 서비스의 특성과 제품 특성의 비교

특 성	기본 개념 및 문제점	제품 특성
무형성	- 형태가 없기 때문에 객관적으로 상품을 제시하지 못하며, 만지거나 볼 수 없기 때문에 가치 파악이나 평가가 어려움 - 견본 제시가 불가능하여 구입하기 전에는 느끼는 것이 불가능함	유형성
생산과 소비의 동시성	- 일반적으로 동일한 시간대에 생산되고 소비됨 - 고객이 생산 과정에 참여함 - 소비자는 생산 활동에 대한 영향력이 크며 서비스 배달자는 생산기능과 마케팅 기능을 동시에 수행하게 됨	생산과 소비가 분리됨
소멸성	- 재고 유지가 불가능하기 때문에 수요변동에 따른 충격완화 기능 발휘 불가 - 시간과 공간의 제약으로 인해 예약으로 주로 소비함	재고 유지 가능
다양성	- 명목상의 서비스 외에 분위기, 인간관계 등 무형적인 가치도 고객에게 전달함 - 서비스 수준도 고객의 요구 정도와 제공자의 제공 정도에 따라 다양함	표준화 가능
이질성	- 인간중심적인 성격이 강하기 때문에 서비스의 질은 서비스 공급자와 소비자의 특성에 따라 다르게 전달되고 평가됨 - 개별화와 차별화를 동시에 추구할 수 있으나 서비스 품질의 표준화와 관리 그리고 측정과 평가도 어려움	동질성

그리고 품질에 대한 개념 및 정의는 학자와 실무자들 사이에도 서로 다르기 때문에 일치된 합의를 이루지 못한 채 학문의 영역에 따라 다양하게 정의되고 있다. 가빈(Garvin, 1984)은 다양하게 논의되고 있는 품질의 개념을 <표 2-13>과 같이 5가지의 관점으로 구분하여 정의하고 있다.[25] 특히 5가지의 접근방법 중에서 사용자 중심적 접근방법은

---

25) Garvin, D. A.(1984), "What does Quality Mean?" Solan Management Review, Vol.26, No.1(Fall), pp.25-28의 내용을 필자가 재구성함.

본 연구의 중요한 부분인 인터넷 부동산 서비스 품질척도 개발의 이론적 근거를 제공한다.

<표 2-13> 가빈(Garvin. 1984)의 5가지 관점에서의 품질 정의

관 점	기본 내용	한계성
선험적 접근방법	- 정신도 물질도 아닌 독립적인 제3의 실체로서 본래부터 타고난 우월성을 의미함 - 반복된 노출에 의한 경험을 통해서만 품질을 인식할 수 있다고 봄	- 경험을 통해서만 인식이 가능하기 때문에 명료하게 분석이 불가능함
제품 중심적 접근방법	- 품질을 정밀하고 측정 가능한 변수로 인식하며 품질의 차이는 제품의 내용물이나 속성의 차이에서 기인한 것으로 봄 - 등급 매김이 가능하여 품질이 상대적 수준을 파악할 수 있다고 봄	- 주관적인 개인의 욕구나 기호, 선호도의 차이를 설명하지 못함
사용자 중심적 접근방법	- 품질은 보는 사람의 관점에 따라 다르다는 가정에서 출발함 - 고객에 따라 상이한 욕구를 갖는다는 인식하는 주관적이고 수요 지향적인 관점	- 객관성이 결여됨
제조 중심적 접근방법	- 사용자 중심적 접근방법과 상반되는 개념으로 공급자 지향적이고 생산관리 측면의 기술, 제조 부분에 중심을 둔 개념 - 품질이란 어떤 요구에의 일치, 즉 특정 제품이 설계도나 명세서에 일치하는 정도를 말함	- 주관적이고 수요 지향적인 서비스 품질의 측정 불가
가치 중심적 접근방법	- 가치와 가격의 관점에서 정의되는 개념 - 적절한 가격 수준 하에서의 우월성 정도를 말함	- 가치와 가격 외에는 설명 불가

한편 서비스 품질을 결정하는 차원에 대한 논의는 서비스의 개념 및 특성에 대한 연구가 시작된 이래 1976년 Eiglier와 Langeard를 선두로 해서 Grönroos, Zeithaml과 Parasuraman에 이어지고 있다.

Grönroos는 "서비스는 품질을 결정하는 데 매우 중요한 영향을 미치는 차원과 제한적인 영향을 미치는 요인이 있다."고 하였다. 매우 중요한 영향을 미치는 차원은 물리적·기술적 자원, 고객접대 종업원, 다른 참여고객 등이며, 이는 주로 고객의 지각된 서비스 품질(Perceived service quality)에 영향을 미친다고 하였다. 이때 지각된 품질이란 제공된 서비스에 대한 고객의 전반적인 판단이나 태도를 말한다. 물리적·기술적 자원이란 서비스 수행과 고객과의 의사소통을 위하여 기업이 보유하고 있는 시설, 장비, 도구 등과 이것들을 운용하는 지식이나 기술을 말한다. 고객접대 종업원이란 고객과 직접 대면하면서 서비스를 제공하는 서비스 종사원을 말한다. 따라서 이들의 서비스 제공행위, 지식, 고객과의 상호 교감 정도에 따라 고객들은 제공된 서비스를 다르게 지각한다는 논리이다. 다른 참여고객이란 같은 서비스 시스템 내에서 서비스를 향유하는 다른 고객을 말한다. 본래 고객은 서비스의 생산 및 전달 과정에 참여하여 적극적인 활동을 하게 됨으로 본인이 받는 서비스의 내용에 본인이 직접 참여할 뿐만 아니라 다른 고객의 서비스 질에도 영향을 미치게 된다. 이상에서 논의한 내용을 정리하면 다음의 〈그림 2-6〉과 같이 나타낸다.

〈그림 2-6〉 Grönroos의 서비스 품질 결정 차원

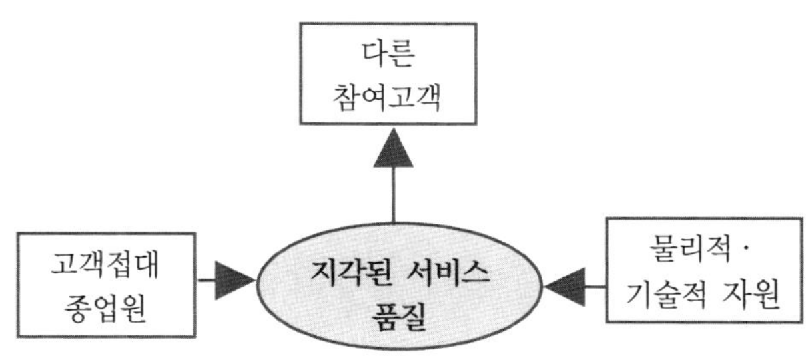

자료원: Grönroos(1982)

제한적인 영향을 미치는 요인은 전통(Tradition), 관념(Ideology), 구전(Word-of-mouth) 등의 외적인 요인과 광고, 가격결정, 홍보 등의 전통적인 마케팅 활동이라고 하였다. 이런 요인들은 주로 서비스에 대한 고객의 기대에 영향을 미치게 되어 결과적으로 기대된 서비스와 지각된 서비스의 차이, 즉 서비스의 질에 영향을 주게 된다.

Grönroos(1982)와 유사한 이론을 전개한 학자는 Sasser와 Wyckoff (1978) 그리고 Lehtinenn(1982) 등이 있다. Sasser와 Wyckoff(1978)는 서비스의 수행은 궁극적으로 서비스 기업의 물질, 시설, 종업원의 질 등에 의해 결정된다고 하였으며, Parasuraman, Zeithaml and Berry(1985)는 "서비스 품질은 서비스의 기대(expectation)와 인식(Perception)의 차이에 의해 결정된다."고 말하면서 소비자들이 인식한 서비스 품질은 "서비스 기업이 제공해야 한다고 느끼는 소비자들의 기대와 서비스를 제공받은 소비자들의 인식을 비교"하는 데서 나온다고 주장하였다. 이는 서비스 기대와 서비스 인식을 비교함으로써 서비스 품질이 인식되는 기대와 인식 사이에 존재하는 불일치 정도와 방향으로 볼 수 있으며 이를 그림으로 표현하면 〈그림 2-7〉과 같다.

〈그림 2-7〉 SERVQUAL에 의한 서비스 품질의 인식

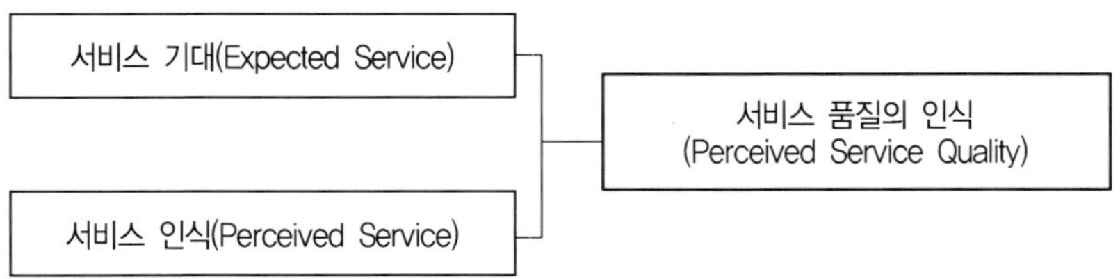

또한 이들은 소비자들이 서비스 유형(산업)에 따라 서비스 질 평가 항목들의 상대적 중요도에는 차이를 보일지라도 기본적으로 유사한 평

가기준을 가지고 있음을 밝혀내고, 서비스산업에 보편적으로 작용할 수 있는 '서비스 질의 결정 요인', 즉 신뢰성, 응답성, 능력, 접근 가능성, 예절, 의사소통, 신용도, 안전성, 고객의 이해, 유형성 등 10가지를 제시하였다.

여기서 제시된 10가지의 결정 요소들은 개념상의 중복성이 다소 있지만 서비스 질의 결정 차원을 포괄적으로 제시한 Grönroos(1982)의 연구와는 달리 서비스 질의 결정 요인들을 처음으로 구체적으로 제시했다는 점에서 그 가치가 인정된다고 하겠다. 계속되는 연구에서 PZB는 1988년 소비자들에 대한 실증자료를 기초로 기존의 10가지 요인을 5가지 요인으로 〈표 2-14〉와 같이 축소시켜 서비스 품질의 측정, 관리 도구인 SERVQUAL을 개발하였다. 이는 서비스 품질에 대한 다차원 척도로 구성되어 있는데 각 차원은 4-5개의 문항으로 이루어져 있으며 총 22개 문항으로 이루어져 있다.

〈표 2-14〉 PZB의 서비스 품질 결정 요인(1988)

결정 요인	내 용
유형성 (Tangibles)	물리적 시설, 설비 및 종업원의 용모
신뢰성 (Reliability)	약속한 서비스를 믿을 수 있고 정확하게 이해할 수 있는 능력
응답성 (Responsiveness)	고객을 기꺼이 돕고 즉시 서비스를 제공하겠다는 마음가짐
확실성 (Assurance)	종업원의 지식과 정중한 예절 및 신뢰와 확신을 주는 그들의 능력
공감성 (Empthy)	기업이 고객에게 제공하는 돌봄과 개인적인 주의집중

자료원: Parasuraman 등(1988)

2. 서비스 품질의 평가

정보화 사회, 서비스 시대로 대변되는 오늘날 우리 사회의 모든 영역에서 서비스는 이제 중요한 부분으로 자리를 잡고 양적인 면과 질적인 면에서 발전을 계속하고 있다. 서비스는 어떤 당사자가 다른 당사자에게 제공하는 활동이나 성과 또는 무형적 성격을 띠는 일련의 활동으로 고객문제를 해결해 주는 어떤 것을 말한다(Lovelock, 2001; 이유재, 2001). 서비스는 제품과 달리 무형성, 이질성, 비분리성 등의 특성을 가지기 때문에 사전에 그 품질을 평가하기가 어렵고, 평가하는 데 어려움이 많다. 또한 평가도 평가하는 소비자에 따라 주관적이 될 가능성도 높다(Watson, Pitt & Kavan, 1998). 구체적으로 서비스는 무형성(intangibility)이라는 특성을 가지기 때문에 제품과 달리 시각, 미각, 촉각 등을 통해 정보를 얻거나 실체를 파악하기도 어렵고, 서비스를 평가하기도 어렵고 품질을 측정하기도 어렵다(Czepiel, 1990; Zenithal, 1981). 또한 많은 서비스는 생산과 소비 과정에 서비스 제공자와 고객이 함께 참여한다는 비분리성이라는 특징을 가진다. 이러한 비분리성으로 인해 고객들이 서비스 품질에 영향을 주게 되고, 이에 따라 서비스 제공자의 의도와 관계없이 서비스의 품질이 변동할 가능성이 높다(Zeithaml, 1981). 또한 서비스의 경우에는 동일한 서비스를 제공하는 기업들 간에서도 상당한 품질 차이가 존재하고, 심지어는 동일한 서비스 기업이라고 해도 일관성 있는 서비스 품질을 제공하지 못하는 경우가 발생하게 된다.

서비스 품질은 제조 기업들이 애용하는 무결점(zero defection)과 같은 개념으로, 고객의 이탈이 발생하지 않도록 완벽한 성과를 고객에게 제공하는 것(Berry and Parasuraman, 1991)이며, 서비스의 전반적인 훌륭함과 우월함에 대해 고객이 평가하는 것이다(Zeithaml, 1988). 그리고 서비스 품질은 다속성 개념이며 제공되는 서비스의 결과물 및 과정에 대한 품질 속성을 포함하는 것(Grönroos, 1982)으로서 고객이 서비스를 통해 실제로 받는 기술적(결과적) 품질과 서비스가 고객에게 전달되는 과정을 나타내는 기능적(과정적) 품질로 구성되어 있다(Grönroos, 1990). 이러한 상황 속에서 서비스 품질의 정확한 구성 요인을 파악하기 위한 연구는 많이 이루어져 왔지만, 대부분 앞서 언급한 서비스 품질의 구성 요인 중 기능적 품질에 국한되었다고 할 수 있다(Baker & Lamb, 1993; Powpaka, 1996; Buttle,1996). 또한 서비스 품질과 함께 그와 관련된 개념으로 감안될 수 있는 서비스 구매에 대한 고객만족은 서비스산업의 관련자들이 직면한 가장 중요한 문제 중의 하나로 대두되고 있다(안운석, 장형섭, 1999). 그 이유는 물론 서비스 구매에 대한 평가와 그 평가에 따라 이루어지는 재구매, 긍정적인 구전 행동 및 고객충성 등의 구매 후 행동이 기업의 수익에 큰 영향을 미치기 때문에 소비자 행동을 설명하는 유용한 변수로서 고객만족이 제시되고 있기 때문이다(Bearden & Teel, 1983). 이러한 변화의 흐름은 제조 기업이나 서비스 기업에 관계없이 필연적으로 고객만족을 위한 총체적인 노력이 이루어져야 한다는 사실을 의미한다.

가. 서비스 품질의 개념

서비스 품질은 소비자가 기대했던 서비스와 경험한 서비스의 차이에 대한 소비자의 주관적인 평가이다(Gefen, 2002). 따라서 서비스 마케팅 분야에서 학자나 실무 종사자들의 가장 큰 관심거리는 역시 서비스 품질(service quality)이다. 어떻게 하면 서비스 제공자가 창출하는 서비스의 품질을 정확하게 측정하고 효과적으로 관리해 나아가는가 하는 것이다. 이러한 서비스 품질은 서비스 기업이 생존하는 기반이 되고 장기적인 경쟁요소가 되기 때문이다(Reichheld & Sasser, 1990). 그런데 여기에서 말하는 서비스 품질이라고 하는 것은 특정 서비스의 전반적인 탁월성이나 우월성에 관한 소비자의 주관적 판단으로서 객관적 품질과는 다른 태도의 한 형태로 정의할 수 있다(Parasuraman, et al., 1988). 또한 서비스는 전형적으로 소비 과정에서 높은 소비자 몰입이 요구되는 상품이다. 구매자와 판매자 간의 상호작용 또는 서비스 접점에서 동시적 생산-소비 과정 동안 소비자들은 확인가능한 많은 자원과 활동을 발견하고 그것을 평가하게 된다. 서비스가 갖는 고유의 특성은 객관적인 품질의 평가가 용이한 재화와 달리 서비스 품질의 평가를 어렵게 만드는 요인이 된다. 이러한 연유로 서비스의 품질은 객관적 질이 아니라 주관적 질의 개념으로서 소비자가 평가하는 '지각된 서비스 품질(perceived service quality)'의 의미로 정의된다.[26]

다. 서비스 품질의 특성

많은 연구 문헌들을 살펴볼 때, 지각된 서비스 품질의 개념적 특성은 다음과 같이 정리될 수 있다.

첫째, 서비스 품질에 관한 대부분의 연구는 사용자(소비자) 중심적인 접근방법과 서비스의 특성에 기초하여 이루어졌다.

둘째, 서비스 품질은 고객만족과 깊은 상관관계를 지니고 있다. 즉 많은 연구결과 각각의 산업에 따른 서비스 품질의 구성 요인이 만족도에 영향을 주고 다시 만족도는 재사용(구매) 의도에 영향을 주어 마케팅의 중요한 요소로 자리잡고 있다.

---

26) 이영희(2003), 「에센스서비스마케팅」, 청목출판사, 130쪽.

셋째, 서비스 품질은 서비스의 우월성과 우수성에 대한 사용자(소비자)들의 태도로서 주관적인 판단을 나타내는 다차원적이고 추상적인 개념이다.

넷째, 서비스 품질은 서비스 제공 과정과 결과를 통해서 평가된다. 즉 서비스 품질의 평가는 서비스의 성과뿐만 아니라 제공하는 과정이나 방법에 의해서도 영향을 받는다.

다섯째, 서비스 품질은 서비스 성과를 평가하는 기준이 되는 서비스의 기대와 인지된 서비스의 품질의 차이 정도에 의해 평가된다.

라. 서비스 품질의 평가척도

Parasuraman 등이 1988년에 개발한 서비스 품질의 측정, 관리 도구인 SERVQUAL은 현재까지 여러 분야의 서비스 품질 연구나 마케팅 전략 개발 등에 폭넓게 이용되고 있으나 이 척도의 가장 큰 장점이자 단점인 일반성(Generality) 때문에 이 척도로 측정할 수 있는 서비스의 측면은 매우 보편적이고 일반적이어서 많은 서로 다른 서비스 카테고리에 적용할 수 있다. 반면에 이 척도가 너무 일반적인 나머지 어떤 다른 서비스 카테고리에 특수한 차원은 간과될 수 있다는 맹점을 가지고 있다.

특히 서비스는 그 유형에 따라 많은 특수성이 내재되어 있기 때문에 이러한 척도의 일반성이 문제될 수 있다(Asubonteng, McCLeary, & Swan, 1996; Babakus & Boller, 1992; Buttle, 1996). 이렇게 SERVQUAL은 그 척도의 융통성과 보편성 때문에 많은 분야에서 이용될 수 있는 반면, 동시에 연구 목적이나 대상에 따라 수정, 적용돼야 한다.

현재 인터넷 서비스는 수많은 유형이 존재하고 있고 끊임없이 분화해 나아가고 있다. 그러나 애석하게도 현재까지 이러한 인터넷 서비스의 유형을 실증자료에 의하여 정리한 분류체계는 존재하지 않기 때문에 서론에서 언급한 바와 같이 본 연구에서는 인터넷 부동산 서비스의 품질척도를 개발하기 위해 인터넷 부동산 서비스 시장의 특성을 감안한 서비스 품질을 중심으로 실증분석을 실시하고자 한다.

3. 인터넷 서비스의 품질평가척도

최근 우리나라도 정보기술의 급속한 발달과 인터넷의 확산에 따라 여러 가지 유형의 인터넷 서비스가 등장하였다. 인터넷 서비스에 있어서는 웹사이트를 매개로 하여 고객과 서비스 제공자가 상호작용을 하고, 고객에게 서비스를 제공하고, 서비스경험을 만들어내게 된 것이다(Sweeney and Lapp, 2004). Jarvenpaa, Tractinsky & Vitale(2000)의 연구에서도 인터넷 웹사이트를 오프라인에서의 종업원에 비유했다. 즉 웹사이트가 고객과 서비스 제공자를 연결해 주는 매개 역할을 하고 있다고 주장하고 있다.

인터넷 서비스 기업과 인터넷 서비스의 확산에 따라 서비스 분야의 주요한 관심사인 인터넷 서비스 품질에 대해 많은 관심을 가지게 되었다. 이와 관련하여 Cox and Dale(2001)의 연구에서는 성공적인 e-commerce를 위해서는 오프라인에서와 마찬가지로 서비스 품질을 관리하는 것이 필수적이라고 주장하고 있다. 서비스 품질에 대한 관심에 따라 어떻게 서비스 품질을 측정해야 하는가에 대한 논의들도 많이 진행되게 되었다. 가장 많이 논의된 것은 오프라인 서비스 품질에 대한 연구들을 온라인에 그대로 적용할 수 있는가 하는 것이었다. 이와 관련하여 Cox and Dale(2001)의 연구에서는 웹사이트 경험에 있어서는 전통적 서비스와 달리 인간적 상호작용이 부족하기 때문에 전통적인 서비스 품질에 대한 연구들을 인터넷 환경에 적용하기 어렵다고 주장하고 이러한 측면에서 인터넷 서비스에 대한 서비스 품질 연구가 필요하다고 주장하고 있다. Li, Tan and Xie(2003)의 연구, 김현경, 이문규, 김해룡(2001)의 연구 등도 인터넷의 확산에 따라 전통적 서비스의 품질을 측정하기 위해 널리 사용되던 SERVQUAL이 더 이상 적절하지 않고 적절한 수정이 필요하다고 주장하고 있다. 이러한 연구들은 온라인 서비스가 오프라인 서비스와는 그 성격이 상이하기 때문에 오프라인 서비스를 대상으로 개발된 품질 측정 방법을 온라인 서비스 품질 측정에 사용하는 것은 적절치 않다는 것을 의미한다. 따라서 온라인 서비스를 위한 별도의 측정 항목개발이 필요하다고 할 수 있다.

온라인 서비스 품질의 연구 필요성에 대한 인식에 따라 다양한 형태의 서비스 품질 측정방법들이 제시되었다. McKinney, Yoon and Zahedi(2002)의 연구에서는 웹사이트의 서비스 품질을 웹사이트가 제공하는 정보 품질에 대한 고객의 지각인 웹정보 품질(Web Information Quality), 정보검색과 전달에 있어서의 웹사이트의 성능에 관한 고객의 지각인 웹시스템 품질(web system quality)의 2가지 차원으로 측정하고자 시도하였다. 그런데 일반화된 서비스 품질에 대한 연구들과 더불어 특정 서비스 분야를 중심으로 서비스 품질을 측정하고자 하는 여러 연구들이 많이 나타났다. 인터넷 쇼핑몰과 관련하여 Wolfinbarger and Gilly(2003)의 연구에서는 eTailQ를 제시하고 있는데 웹사이트 디자인(web site design), 신뢰성/이행(reliability/fulfillment), 프라이버시/보안(privacy/security), 고객서비스(customer service) 등의 4가지 차원을 평가하고 있다. Jun, Yang and Kim(2004)의 연구에서는 온라인 소매사이트의 서비스 품질 차원으로 신뢰할 수 있는 신속한 반응(reliablie/prompt response), 접근성

(access), 사용 용이성(ease of use), 주의(attentive ness), 안전성(security), 신뢰성(credibility)의 6가지 차원을 제시하고 있다. Parasuraman, Zeithaml and Malhotra (2005)의 연구에서는 22개의 측정 항목으로 구성된 E-S-QUAL scale을 제시하였다.

Yang, Jun and Peterson(2004)의 연구에서는 온라인 뱅킹을 대상으로 신뢰성(reliability), 반응성(responsiveness), 능력(competence), 사용 용이성(ease of use), 안전성(security), 제품포트폴리오(product portfolio) 등의 평가 차원을 제시하고 있다. 이 외에도 김현경, 이문규, 김해룡 (2001)의 연구에서는 인터넷 포털 서비스 품질을 정보(information), 사용자 편의성(user friendliness), 의사소통(communication), 안전성 (security) 등으로 평가하고 있다. 또한 Kaynama and Black(2000)의 연 구에서는 여행사 사이트를 대상으로 서비스 품질을 평가하기 위한 차원 으로 서비스 품질 차원으로 컨텐츠(content), 접근(access), 네비게이션 (navigation), 디자인(design), 반응(response), 개인화(personalization) 등을 제시하고 있다. 이문규, 이기동, 김해룡(2001)의 연구에서는 인 터넷 방송의 서비스 품질을 정보(information), 디자인 심미성(design aesthetics), 시스템 인터페이스(system interface), 신뢰성(trust), 의사소 통(communication), 시스템 안정성(system stability) 등으로 평가하고 있다. 이러한 특정 서비스 분야를 중심으로 서비스 품질을 측정하고자 하 는 연구들은 서비스 분야의 특수성을 고려하여 서비스 품질을 평가할 수 있고, 관리방향도 제시할 수 있다는 점에 장점을 가진다. 여기서는 온라인 상의 특수성을 감안한 서비스 품질을 평가하는 기준에 대해서 기존 문헌 을 중심으로 고찰해 보고자 한다.

가. IQ(Information Quality)

현재의 시장은 정보 수집, 계약 형성, 거래 확정의 과정으로 이루어 지며, 이러한 거래 과정 속에서 기존의 정보와 상품은 분리되고 새로운 상품 개념으로서 정보는 그 정확성이 매우 중요하게 되었다(Lee & Clark, 1996-97). Huang, Lee & Wang(1999)의 연구에서는 정보 품질(IQ: Information Quality)을 내면적 품질(intrinsic quality), 상황적 품질(contextual quality), 대표적 품질(representative quality), 접근적 품질(accessibility quality)의 4가지 차원으로 구별하여 측정하고자 IQ (Information Quality)라는 척도를 개발하였다.

나. QUIS(Questionnaire for User Interface Satisfaction)

IQ가 제공되는 정보의 질에 관한 것이라면 이보다는 좀 더 컴퓨터와 사용자 간의 상호작용에 초점을 맞춘 평가척도가 개발되었다. Chin, Diehl & Norman(1988)이 제시한 QUIS(Questionnaire for User Interface Satisfaction)는 컴퓨터 인터페이스에 대한 사용자의 주관적인 만족도를 측정하기 위한 것으로 화면에서의 정보 제시, 사용 용어와 피드백, 학습, 시스템 성능에 관하여 4개 차원으로 나누어 보고 있다. 화면에 관한 만족도는 쇼핑몰에서 제공되는 정보의 표현이 적절한지, 사용되는 용어와 피드백에 관한 만족도는 제공되는 정보들이 얼마나 일관성 있게 조직되어 제공되는지, 학습에 관한 만족도는 쇼핑몰의 이용방법을 얼마나 쉽게 익힐 수 있는지에 관한 것이고, 시스템 성능에 관한 만족도는 시스템 속도에 관한 만족도 차원으로 볼 수 있다(김민수 등, 1999).

다. PUEU(Perceived Usefulness and Ease of Use)

PUEU는 정보기술 또는 시스템 수용에 있어서 가장 중요한 요소인 지각된 유용성과 사용 용이성 정도를 측정하기 위하여 Davis(1989)가 개발하여 제시한 척도이다.

라. PQISS(Perceived Quality of an Internet Shopping Site)

Yoo & Donthu(2000)는 앞에서 설명한 여러 평가기준들이 너무 시스템적인 요소에 치중해 왔다는 사실을 지적하고 보다 소비자 위주의 기준들을 제시하고 있다. 그들의 연구 대상은 인터넷 쇼핑몰이었다. 이 기준들은 그들은 PQISS(Perceived Quality of an Internet Shopping Site)라 부르고 있는데 여기에는 인터넷 쇼핑몰의 디자인, 가격 우위성, 사용 용이성, 주문 명확성, 명성, 보안성, 시스템 속도, 상품 차별성, 상품 품질 확신성 등 9가지의 구체적인 평가 요인들이 포함되어 있다. 이는 기존의 시스템 중심적인 인터넷 사이트 평가 방법과 서비스 소비자에 기초한 품질평가 방법과의 통합 가능성을 보여주었다고 할 수 있다(이문규, 2002).

제 3 절 인터넷 부동산 서비스 품질의 성과

1. 지각된 유용성과 사용 용이성

기술수용모형(TAM: Technology Acceptance Model)은 기술채택 과정을 설명하는 가장 최근의 모델로서 정보기술 수용의 행태적 과정을 전체적으로 설명하는 모형이다(Davis, 1989). 기술채택에 영향을 미치는 요인들에 대한 기존의 연구들은 개인과 조직 그리고 환경적 특성들이 각각 정보기술 수용에 직접적으로 영향을 미친다고 가정하고 있으나 기술수용모델에서는 이들 변수들이 매개 변수를 통해 간접적으로 영향을 미친다고 본다. 따라서 모든 외부의 요인들은 지각된 유용성 (perceived usefulness)과 지각된 사용 용이성(perceived ease of use)이라는 두 개의 매개 변수에 선행되며 지각된 유용성과 지각된 사용 용이성은 정보기술의 사용에 대한 태도에 영향을 미치는 선행변수로서의 역할을 수행한다. 정보기술의 사용에 대한 태도는 다시 그 정보기술을 사용할 사용의도에 영향을 미치며 결과적으로 정보기술의 실제 사용 (actual usage) 행동에 이르게 된다.

또한 지각된 유용성과 지각된 사용 용이성은 상호간에 직접적인 관계를 형성하기도 하는데 이는 정보기술의 사용의도가 지각된 유용성과 사용 용이성에 의해 얼마나 성과를 향상시키는가에 영향을 받기 때문이다. 그리고 지각된 사용 용이성이 증가하면 성과 개선에 기여를 하기 때문에 지각된 사용 용이성은 지각된 유용성에 영향을 주게 된다〈그림 2-8〉.

<그림 2-8> Davis의 기술수용모형

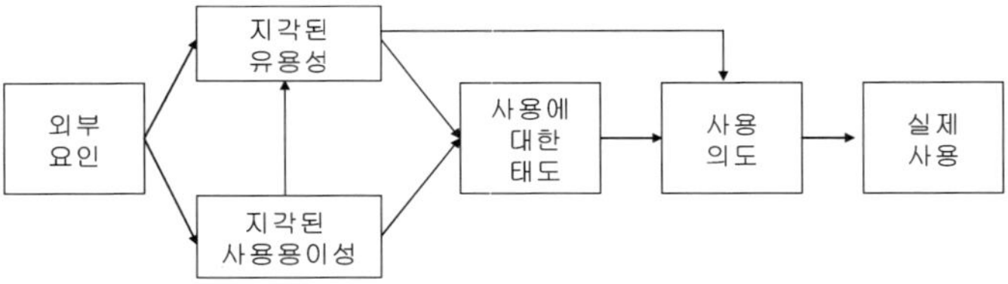

기술수용모형에서는 어떤 기술이나 시스템을 소비자가 잘 이용하도록 하기 위해서는 기술이나 시스템이 소비자에게 유용하다고 지각되어야 한다고 주장한다. 지각된 유용성은 기술이나 시스템을 사용하는 것이 성과를 높일 것이라는 사용자의 주관적 확률로 정의된다(Davis et al., 1989). 이러한 지각된 유용성은 전통적인 혁신수용이론에서의 상대적 이점과 유사한 개념으로 생각되는데 새로운 개념이나 시스템이 소비자에게 이용되기 위해서는 새로운 기술이나 시스템은 기존의 대안들에 비해 유용성을 가져야 한다는 것이다(Agarwar and Prasad, 1998). 많은 연구들은 혁신의 상대적 이점과 혁신의 수용 간에는 정의 관계가 있다는 것을 보여주고 있다(Rogers 1962; Ostlund 1974; Gatignon and Robertson 1985; Agarwar and Prasad 1998). 또한 기술수용모델과 관련된 연구에서도 지각된 유용성이 혁신의 수용의도에 긍정적인 영향을 준다는 것을 보여주고 있다(Davis et al., 1989). Davis(1989)의 연구에서는 정보시스템의 지각된 유용성이 정보시스템에 대한 사용자의 이용행동이나 의도에 영향을 준다는 것을 실증적으로 보여주고 있다. 이러한 연구들을 통해서 인터넷 사용자들이 인터넷 부동산 서비스가 유용하다고 지각할수록 사용자들은 인터넷 부동산 서비스를 더 많이 이용하려고 할 것이라고 예상할 수 있다.

기술수용모형을 근거로 해서 볼 때 인터넷 부동산 서비스의 재방문 의도에 영향을 주는 또 다른 특성으로서 소비자의 인터넷 부동산 서비스에 대한 지각된 사용 용이성이 있다. 지각된 사용 용이성은 목표기술이나 시스템의 사용에 상대적으로 적은 노력을 들여도 되는 정도를 의미한다(Davis 1989; Davis et al. 1989; Agarwar and Prasad 1998). 잠재적 이용자들이 특정 기술이나 시스템이 사용하기 쉽고, 덜 복잡하다고 지각하는 경우 잠재적인 사용자들의 이용 정도나 이용의도가 높아지게 된다(Davis 1989; Davis et al. 1989; Agarwar and Prasad 1998). Davis(1989)의 연구에서는 정보시스템의 지각된 사용성이 정보시스템에 대한 사용자의 이용, 즉 현재의 이용행동이나 미래 이용의도에 유의적인 영향을 준다는 것을 실증적으로 보여주고 있다.

Davis et al.(1989)은 실증연구의 결과 지각된 유용성보다는 작지만 지각된 사용 용이성도 소비자의 이용 정도에 유의적인 영향을 미친다는 것을 보여주었다. 인터넷 쇼핑의 이용에 있어서도 소비자의 사용 용이성의 정도가 인터넷 쇼핑의 이용에 영향을 줄 것으로 보인다. 즉 소비자들이 인터넷 쇼핑을 이용하는 것이 복잡하다고 지각하는 경우에는 그 이용의도가 낮아질 것이다(Eighmey, 1997). 이러한 연구들을 통해서 볼 때 소비자들이 인터넷 부동산 서비스의 이용이 쉽다고 지각할수록 소비자들은 인터넷 부동산 서비스를 더 많이 이용하려 할 것이라고 예상할 수 있다.

한편 기술수용모형에서는 지각된 사용 용이성이 지각된 유용성에 영향을 준다고 주장하고 있다. 어떤 기술이나 시스템이 사용하기 용이하다고 지각되는 경우에 잠재적 수용자들은 그 기술이나 시스템을 효과적으로 활용할 수 있기 때문에 유용성 지각이 높아지게 된다. 인터넷 부동산 서비스의 경우에도 소비자들이 사용하기 쉽다고 지각할수록 인터넷 부동산 서비스를 활용하여 여러 가지 혜택을 얻을 수 있을 것이라고 기대하기 때문에 지각된 사용 용이성은 지각된 유용성에 영향을 줄 것이라고 판단된다(신종칠, 2003).

이러한 가설적 관계의 실증적 근거는 Davis(1989)와 Davis et al.(1989)의 연구에서 확인할 수 있는데 이들 연구에서는 지각된 사용 용이성이 지각된 유용성에 영향을 준다는 것을 보여주고 있다.

2. 고객만족

가. 고객만족의 개념

마케팅에서 고객만족보다 더 많은 수의 정의가 제시된 개념을 찾기란 그리 쉬운 일이 아닐 것이다. 그럼에도 불구하고 많은 이론적, 실증적 증거를 바탕으로 Oliver(1996)는 만족이란 "소비자가 자신의 욕구가 얼마나 채워졌는지에 대하여 판단하는 반응"이라는 총체적인 정의를 제시하며, 동시에 이 정의에 대한 만족 개념이 분석 수준에 따라 여러 형태로 나타내어질 수 있음을 강조하고 있다.[27] 여기서 말하는 전통적인 의미에서의 고객은 기업이 만든 상품을 소비하고자 하는 기업의 외부에 있는 고객을 말한다. 미국의 소비자 문제 전문가 Goodman은 고객만족이란 고객의 요구(need)와 기대(expectations)에 부응하여 그 결과로서 상품과 서비스의 재구매가 이루어지고 고객의 신뢰감이 연속되는 상태라고 정의하였다. 이 정의에 따르면 고객만족이 이루어지기 위해서는 상품과 서비스 품질에 대한 소비자들의 신뢰성을 확보해야만 하고 신뢰성이 연속적으로 반복해서 누적이 되면 재구매(방문)가 현상

---

27) 박정은 · 이성호 · 채서일(1998), "서비스 제공자와 소비자 간의 관계의 질이 만족과 재구매 의도 관계에 미치는 조정역할에 관한 탐색적 연구", 마케팅 연구 13권, 122쪽.

이 또한 반복되면서 거래 과정의 선순환 구조를 형성한다. 따라서 고객만족을 정점으로 하여 서비스 품질, 고객만족, 재구매(방문) 의도 간의 상호 연관성을 쉽게 연상할 수 있다. 또한 소비자인 고객을 만족시키지 않으면 이익창출이라는 기업의 존재가치가 없어지므로 고객만족은 모든 기업이 추구하는 궁극적인 목표가 되고 있다. 고객만족은 단순히 소비자에게 상품과 서비스만을 제공하는 것을 의미하는 것이 아니라 만족을 제공함을 의미한다. 이윤은 기업이 고객에게 제공한 만족의 결과로서 간주된다. 따라서 고객만족은 궁극적으로 총체적인 삶의 질을 향상시켜 주게 되는 것이다(이유재, 1998).

그리고 일반적으로 소비자의 만족/불만족 과정은 소비자의 기대 수준과 실제 성과 간의 차이, 즉 불일치에 대한 지각 정도에 의존한다. 기대-성과 불일치(expectancy-performance disconfirmation)개념에 따르면 일반적으로 소비자들은 선택 이전에 제품성과에 대한 기대를 형성하고, 선택 후 선택 대안을 통해 경험한 실제 성과를 자신의 기대 수준과 비교하게 된다(Oliver, 1980). 그 결과 기대가 성과보다 못한 것으로 판단된 경우를 부정적 불일치라고 하며, 반대로 성과가 기대보다 나은 경우를 긍정적 불일치, 기대했던 것과 일치하는 정도이면 단순한 일치라고 한다. 따라서 단순한 일치 및 긍정적 불일치의 경우에는 소비자가 만족을 경험하나 부정적 불일치의 경우에는 불만족하게 된다는 것이다. 이러한 올리버의 패러다임에 의하면 소비자의 만족 여부는 태도 형성 및 재방문, 재구매 의도에 영향을 준다는 것이다. 즉 소비자가 선택 후 경험 내용에 대해 만족할수록 호의적으로 태도가 형성되고, 향후 재방문 및 재구매 의도가 높아진다는 것이다.[28] 또한 고객의 구매 의도 형성과 관련하여 서비스 품질과 고객만족 간의 구체적인 관계

---

28) 이두희(2004), 전게서, 박영사, 87쪽.

를 검증하기 위한 실증적인 연구들이 광범위하게 행해졌다(Bithner, 1990; Cronin & Taylor, 1992). 실제로 Woodside(1989) 등은 구매 의도 형성에 있어서 서비스 품질 지각, 고객만족 판단 간의 관련성을 처음으로 살펴보았는데, 연구결과 고객만족은 서비스 품질 판단과 구매 의도를 매개하는 변수라는 사실, 즉 서비스 품질=〉고객만족=〉행동의 도를 제시하였다.

한편 만족과 재구매 의도의 긍정적인 관계는 기존 연구결과에서 보여 주었지만 몇몇 연구에서는 다른 요인들에 의해 만족과 재구매 의도의 관계가 달라질 수 있음을 시사하고 있다. 그러한 요인들로 제시된 개념들 중에서 먼저 단골의 기간을 들 수 있다. Rust and Zahorik (1993)은 단골의 기간(length of patronage) 정도가 길어짐에 따라 고객만족이 재구매 의도에 미치는 영향은 감소하는 것을 밝혀냈다. 또 Rust and William (1994)은 충성의 기간이 증가함에 따라 만족이 재구매 의도에 미치는 영향이 감소함을 밝혔다. 즉 만족의 정도가 낮더라도 충성의 기간이 클 경우에는 재구매 의도가 높다는 것이다. 또한 가격민감도에 관한 연구에서도 가격민감도가 높은 고객일수록 구매의사 결정 시 고객만족도가 재구매 의도에 미치는 영향이 적어짐을 보여주었다.(Lele and Sheth, 1991). 고객만족의 측정방법으로는 설문조사가 가장 많이 사용되고 있다. 그 이유는 설문조사의 가장 큰 장점이 직접성에 있기 때문이다. 그러나 반면에 조사자의 전문성 부족이나 표본추출 방법의 부적절성으로 인해 측정오류가 발생할 수 있는 단점도 있다.

나. e-고객만족

e-고객만족은 인터넷 환경에서의 고객만족을 의미한다. 정보통신기

술의 발달로 인해 소비자들은 자연스럽게 인터넷을 통한 새로운 구매 행위와 환경에 점차적으로 익숙해지고 있다. 시공간의 제약이 없어 소비자가 원하는 시간에 어디서나 인터넷을 통하여 쉽게 서비스나 상품을 구매할 수 있어 오프라인에서와 같이 고객과 판매자가 만나 협상이나 구매대금 결제 또는 계약을 위해 서로 만나야 할 이유도 없어졌다. 또한 기존의 전통적인 유통경로를 통해 판매 행위를 하려면 점포의 개설, 종업원의 고용, 적정 재고의 유지 등을 위한 많은 초기 비용이 소요되지만 인터넷을 통한 판매의 경우에는 웹사이트가 이를 대신하기 때문에 이러한 초기 비용이 대폭 줄어든다. 그리고 상품의 구색 측면에서도 인터넷 판매자의 경우에는 늘 적정재고를 유지해야 하는 일반 오프라인의 판매자와는 달리 구색 상품은 물론 주문생산 가능 상품까지 웹사이트를 통해 쉽게 진열할 수 있는 강점을 지니고 있다.

Szymanski & Hise(2000)는 온라인 쇼핑경험의 어떤 요인이 소비자들을 만족시키는가를 연구하였다. FGI(Focus Group Interview)와 실증분석을 통하여 편리성, 머천다이징(상품제공, 상품정보). 웹사이트 디자인, 금융상의 보안 요인을 도출하였는데 이 요인들이 온라인 소비자들을 만족시키는 요인이라는 결과를 얻었다. 그중에서 편리성, 웹사이트의 디자인, 금융상의 보안이 e-고객만족에 가장 지배적인 영향을 주는 요인으로 밝혀졌다. 이두희(2000)는 인터넷 만족도 모형(WAR: Web Attention Revisit Satisfaction)을 통해 웹사이트의 만족에 영향을 미치는 요인을 실증적으로 제시하였는데 이 연구모형에 의하면, 제공하는 정보의 양이 풍부하고, 디자인이 우수하고, 전송속도가 빠르고, 편리하게 검색할 수 있는 기능을 갖추고 있으며, 컨텐츠의 업데이트가 신속한 웹사이트일수록 소비자의 만족도가 높아진다고 연구결과를 발표했다.

제 3 장

품질평가 모형의 구성 및 연구가설의 설정

제 1 절 인터넷 부동산 서비스의 품질평가

1. 인터넷 부동산 서비스의 개요 및 특성

가. 인터넷 부동산 서비스의 개요

오늘날은 정보화 사회, 서비스 시대라고 한다. 우리 사회의 모든 영역에서 서비스는 이제 빼놓을 수 없는 중요한 부분으로 자리를 잡고 있다. 인터넷의 확산에 따라 부동산 분야에 있어서도 인터넷을 근간으로 한 부동산 정보 서비스를 제공하는 업체가 많이 나타났다. 인터넷 부동산 서비스 회사는 부동산 관련 데이터를 수집 가공하여 필요한 정보로 만든 후 인터넷을 통해 일반 수요자에게 전달하는 서비스를 하는 업체를 말한다. 인터넷 부동산 서비스는 크게 보아 몇 가지의 서비스를 제공하는데 먼저, 부동산 정보제공 서비스로 서비스 업체들이 각각 수집한 데이터를 가공하여 정보로 만든 후 정보 수요자들에게 웹사이트를 통해서 유료 또는 무료로 서비스를 제공한다. 부동산 뉴스, 시세, 매물, 분양, 기타 부가 서비스가 이에 속한다. 둘째, 커뮤니케이션 서비스로 인터넷의 고유 특성인 쌍방향성을 이용하여 서비스 이용자 상호간에 정보를 교환하는 커뮤니티 서비스나 부동산 전문가들이 일반인들에게 제공하는 전문가 상담코너 등의 서비스를 제공한다. 마지막으로 부동산투자 의사결정 시스템이 있는데 이는 약식 감정이나 권리분석 등을 프로그램화시켜 이용자들이 쉽게 투자의사 결정을 위한 정보를 얻을 수 있도록 하는 서비스를 제공한다. 이러한 인터넷 부동산 서비스 회사들은 기존의 오랜 역사를 가지고 사업을 영위해 오던 오프라인 부동산 정보서비스 업체들의 사업 영역을 잠식하였으며 현재에는 부동산 정보서비스의 대표적인 형태가 되었다. 또한 인지도와 검색의 편리성으로 무장한 포탈사이트와의 제휴를 통하여 그 영향력을 확장하여 왔다. 이러한 인터넷 부동산 서비스 업체의 등장은 부동산 유통시장의 구조를 변화시켰다. 과거에는 구매자, 판매자, 중개사로 구성되었던 부동산 유통시장을 새롭게 재편하였다. 즉 부동산 중개사들이 부동산과 관련된 정보들을 인터넷 부동산 서비스 업체들의 웹사이트에 올리고, 인터넷 부동산 서비스 회사들이 부동산과 관련된 다양한 정보를 수집하여 사이트에 게시하고, 잠재적 구매자와 판매자들은 인터넷 부동산 서비스 업체의 웹사이트나 인터넷 부동산 서비스 업체가 정보를 제공하는 포털사이트를 통하여 부동산거래와 관련된 정보를 얻는다. 그리고 관심을 가지는 부동산에 대한 구체적 정보와 중개 서비스를 얻기 위해 해당 부동산과 관련된 중개사무소에 접촉하고, 인터넷 부동산 서비스 회사는 부동산거래와 관련된 다양한 부가서비스를 제공하는 형태로 인터넷 부동산 서비스 회사가 중심이 되는 형태로 구조를 전환시켰다. 이와 같이 인터넷 부동산 서비스 웹사이트의 중요성이 증가함에 따라 과거와 같은 중고 부동산의 유통기능에서 탈피하여 신규 부동산의 분양도 인터넷 부동산중개 서비스 회사의 웹사이트를 통해서 이루어지게 되었고, 건설사들이나 분양상품에 대한 광고도 급속히 증가하게 되었다. 인터넷 부동산 서비스 회사들의 경우에 부동산 중개업소를 주 고객으로 한 온라인 매물 중개 서비스 사업과 오프라인 프랜차이즈 사업이 주된 사업 영역이지만 향후에는 건설사 등의 기업 및 분양광고, 인터넷 분양대행,

데이터베이스 사업, 교육 출판 사업, 기타 부가가치 사업(보험, 이사, 상담 등), 투자관련 유료정보사업, 자산관리사업 등으로 업무 영역이 확장되리라 예상된다. 이러한 확장이 진행되게 됨에 따라 궁극적으로는 부동산 유통시장은 인터넷을 기반으로 하는 부동산 전자상거래라는 사업구조의 형태로 발전해 나아가리라고 전망된다.

나. 인터넷 부동산 서비스의 특징

인터넷 부동산 서비스산업의 특징으로는 부동산과 인터넷 그리고 서비스산업의 속성을 기본으로 한 형태를 띠고 있기 때문에 각각의 특성을 모두 지니고 있다. 특히 거래 금액이 상대적으로 크며 부동산의 중요한 속성인 이질성과 위치의 고정성에 기인한 부동산거래 정보의 비대칭성과 인터넷의 편의성으로 인한 시간과 공간을 초월한 부동산 정보제공 서비스가 매우 중요한 산업의 특징으로 자리잡고 있다. 또한 인터넷 부동산 서비스는 인터넷이 제시하는 가상공간상에서 부동산과 관련된 정보를 제공하고 사이트를 방문하는 사람들이 이용할 수 있도록 하는 무형의 서비스로서의 기본적인 특징을 지니고 있다.

여기서 서비스는 어떤 당사자가 다른 당사자에게 제공하는 활동이나 성과 또는 무형적 성격을 띠는 일련의 활동으로 고객문제를 해결해 주는 어떤 것을 말한다(Lovelock 2001; 이유재 2001). 또한 서비스는 유형적인 제품과는 달리 무형성, 이질성, 비분리성 등의 특징을 가진다(Chase 1978; Berry 1980; Zeithaml 1981; Zeithaml et al. 1985; McDougall 1987). 이러한 서비스 특징들이 서비스에 대한 객관적인 서비스 품질평가를 어렵게 하고 이런 이유로 인해 서비스 품질의 측정이 중요하게 된다.

첫째, 인터넷 서비스는 어떤 행위, 성과, 활동 등으로 무형적이라는 특징을 지닌다. 서비스는 제품과 달리 무형적이기 때문에 소유되기보다는 소비되는 경우가 많다. 서비스 구매란 본질적으로는 어떤 당사자가 다른 당사자에게 제공하는 행위적 성과(performance)를 구매하는 것이다. 무형성으로 인해 서비스는 전시하기 어렵고, 품질을 평가하기 위해 물리적인 증거를 검사하거나 표본조사를 하기도 어렵게 된다(Czepiel 1990; Zeithaml 1981). 따라서 서비스의 품질이나 성과는 실제로 구매해서 경험하기 전에는 평가하기 어렵고, 심지어는 경험한 이후에도 평가하기 어려운 경우도 존재한다.

인터넷 부동산 서비스의 경우에도 부동산 관련 정보라는 컨텐츠를 제공하기는 하지만 명확하게 행위, 성과, 활동을 보여주기 어렵다. 이런 이유로 인해 이용자들이 인터넷 부동산 서비스의 품질을 올바르게 평가하기란 실제로 그 어려움이 존재하는 것이 현실이다.

둘째, 인터넷 서비스는 많은 경우에 고객들이 서비스 생산 과정에 직접 참여하는 비분리성이라는 특성을 가진다. 서비스의 비분리성과 관련하여 Chase(1978)는 고객접촉(customer contact) 정도를 서비스 시스템 내의 고객의 물리적 존재로 정의하고, 전체 서비스 시간 중에서 고객이 서비스 시스템 내에 존재하는 시간의 비율로 측정하였다. 서비스의 비분리성으로 인해 서비스 품질은 서비스 종업원에 의해 영향을 받기도 하지만 서비스를 제공받는 소비자에 의해서도 영향을 받게 된다. 이러한 점에서 소비자는 서비스를 생산하는 주체가 되고, 고객과 서비스 제공자가 서비스의 일부분이 된다(Chase 1978; Bechwith and Fitzgerald 1981; Zeithaml 1981). 이러한 점에서 서비스 품질은 서비스를 이용하는 고객에 의해서 결정되기도 하고, 우수한 서비스를 생산하기 위해서는 서비스 제공기업과 고객 간의 긴밀한 협력과 조정이 필요하게 된다.

인터넷 서비스의 경우에는 일반적인 서비스의 경우와 같은 종업원 대신 웹사이트가 존재한다. Jarvenpaa, Tractinsky & Vitale(2000)은 인터넷 웹사이트를 오프라인에서의 종업원에 비유했다. 즉 웹사이트가 고객과 서비스 제공자를 연결해 주는 매개 역할을 하고 있다는 것이다. 인터넷 부동산 서비스의 경우에도 이용자들이 웹사이트에 들어와서 서비스를 이용하게 되는데 인터넷 부동산 서비스 품질은 인터넷 부동산 서비스 제공기업이 어떤 서비스를 제공했는가보다는 어느 정도의 능력과 지식을 가진 이용자가 어떤 방식으로 사이트를 이용했느냐에 따라 그 품질과 성과가 결정되게 된다.

셋째, 인터넷 서비스는 이질성이라는 특징을 가지는데, 이는 인터넷 서비스 제공기업들 간에 서비스 품질이나 성과에 있어서 차이가 클 수 있고, 동일한 서비스 제공기업에서도 일관된 성과나 품질을 제공하지 못하는 경우가 발생하는 것을 말한다. 서비스 이질성에 따른 품질과 성과의 변동성은 사람이 중심이 되는 서비스의 경우에 더욱 높아지는데, 이는 표준화가 어렵고, 품질의 일관성을 유지하기도 어렵기 때문이다 (Berry 1980). 인터넷 부동산 서비스의 경우에도 이용자의 능력과 지식에 따라 서비스의 품질이 결정된다는 점과 또한 부동산의 특성 중의 하나인 이질성과 위치의 고정성 그리고 거래의 비공개성으로 인해 웹사이트를 통해 제공하는 컨텐츠의 표준화와 일관성을 유지하기가 어렵다. 따라서 인터넷 부동산 서비스 회사에서 제공하는 부동산 정보의 가치 판단능력이 부족한 이용자인 경우에는 상당히 높은 불확실성에 직면할 수도 있다. 높은 불확실성이 존재한다는 것은 서비스가 실패하거나 부정적인 결과가 나타날 가능성이 높다는 것을 의미한다.

넷째, 인터넷 부동산 서비스는 부동산 자체가 권리의 복합체이기 때문에 권리의 인정 기관인 정부의 공적인 서비스와 시장경제 원리에 입

각해서 거래의 편의를 위해 기업이 제공하는 사적인 서비스로 나누어진다. 인터넷 부동산 정보의 공적인 서비스로는 정부가 인터넷을 통해 제공하는 부동산 등기부 등본과 토지대장, 공시지가 등이 있고 사적인 서비스로는 인터넷 부동산 서비스 회사에서 제공하는 호가 위주의 부동산 시세정보, 매물정보, 분양정보, 단지정보, 권리분석, 시황분석 등이 있다.

이러한 여러 가지의 인터넷 부동산 서비스의 특징들 때문에 서비스 품질에 대한 체계적이고 객관적인 측정의 필요성이 대두된다.

2. 인터넷 부동산 서비스의 품질평가척도(Re - SERVQUAL)

서비스 품질이라고 하는 것은 특정 서비스의 전반적인 탁월성이나 우월성에 관한 소비자의 주관적 판단으로서 객관적 품질과는 다른 태도의 한 형태로 정의할 수 있다(Parasuraman, et al., 1988). 서비스 품질과 관련하여 Parasuraman et al.(1988)은 SERVQUAL이라는 서비스 품질평가도구를 제기하였는데 SERVQUAL은 현재까지 여러 분야의 서비스 품질 연구나 마케팅 전략 개발 등에 폭넓게 이용되고 있다. 그러나 이 척도의 가장 큰 장점이자 단점인 일반성(Generality) 때문에 어떤 다른 서비스 부문의 특수한 차원은 간과될 수 있다는 한계성을 지니고 있다. 특히 인터넷 부동산 서비스는 인터넷 서비스의 특성과 부동산의 속성상 형태에 따라 많은 특수성이 내재되어 있기 때문에 이러한 척도의 일반성이 문제될 소지가 있다. 따라서 SERVQUAL은 그 척도의 융통성과 보편성 때문에 많은 분야에서 이용될 수 있는 반면, 동시에 연구 목적이나 대상에 따라 수정, 적용돼야 한다. 또한 현재 인터넷 서비스는 수많은 유형이 존재하고 있고 끊임없이 분화해 나아가고 있기 때문에 서비스의 품질평가와 관련하여 오프라인상의 서비스 품질 측정기준을 온라인상의 서비스 품질 측정에 그대로 적용하는 데에는 많은 문제점과 한계가 있다고 본다.

이에 인터넷 부동산 서비스의 품질을 올바르게 평가하기 위한 새로운 평가척도의 개발이 일반 SERVQUAL의 한계인 일반성을 극복하고 부동산 시장의 특수성과 인터넷 서비스의 특성을 감안한 후 실행된다면 매우 의미 있는 일이라고 판단된다.

인터넷 부동산 서비스의 품질평가를 위한 척도(Re-SERVQUAL)의 개발을 위해 기존에 이미 개발해 놓은 온라인 쇼핑몰, 포털사이트, 온라인 증권, 인터넷 방송, 온라인 교육 등 인터넷 사업의 각 분야별, 속성별로 e-SERVQUAL의 구성 요인들을 분석한 결과 가장 반복적으로 등장하는 요인이 정보의 양과 질, 웹사이트의 디자인, 의사소통의 용이성, 시스템 등으로 나타났다. 이를 기준으로 하여 이문규(2002)가 개발한 온라인상의 서비스 품질척도인 e-SERVQUAL의 33개의 평가 항목과 그리고 인터넷 부동산 서비스 사업의 특수성을 감안하여 개발된 평가 항목들에 대해 반복적으로 추가와 선별을 실시하였다. 그리하여 최종적으로 인터넷 부동산 시장의 특수성을 고려한 35개의 평가 항목으로 새롭게 구성된 인터넷 부동산 서비스 품질평가척도(Re-SERVQUAL)를 〈표 3-1〉과 같이 개발하였다.

여기서 인터넷 부동산 서비스 사업의 특수성을 고려하기 위해 새롭게 추가된 20개의 평가 항목은 인터넷 부동산 서비스 회사의 각 분야별 담당자들의 의견을 이메일로 취합한 후 소비자들의 반응과 해당 분야별 전문가의 내용 타당성 검증을 거친 뒤 최종적으로 확정하였다. 아래의 표에서 보는 바와 같이 의사소통 부분에서는 인터넷의 중요한 속성 중의 하나인 쌍방향성을 측정하기 위해 인터넷 부동산 서비스 일련 과정의 신속, 정확성과 커뮤니티 항목을 새로이 추가하였다. 디자인 부분에서도 구성의 일관성과 검색의 용이성 그리고 사용의 편리성을 감안한 이용자 관점의 디자인 요소도 서비스 품질을 측정하기 위한 평가 항목으로 선정하였다. 그리고 인터넷 부동산 정보 서비스의 특성을 고려하여 부동산 정보의 유용성, 신뢰성, 전문성에 대한 항목도 새로 추가하였다. 또한 접속의 편리성 부분에서는 검색엔진의 등록 여부, 이메일 서비스, 스스로 개인정보의 변경가능 여부를 평가 항목으로 추가하였다. 이러한 새로운 서비스 평가척도의 개발은 선행연구의 연구자들이 지적했던 서비스 품질평가의 한계인 일반성을 극복하기 위해서다. 결국 인터넷 부동산 서비스 품질평가척도(Re-SERVQUAL)는 기존에 개발된 평가 항목 15개와 인터넷 부동산 서비스의 특수성을 고려하여 새롭게 추가된 평가 항목 20개, 전체 35개 항목을 요인분석을 통해 개발하였다.

<표 3-1> 인터넷 부동산 서비스 품질평가척도(Re-SERVQUAL)

평가 항목	출 처
• 인터넷부동산서비스 이용자에게 유용한 부동산 정보를 제공하고 있다.	추 가
• 신뢰성 있는 투자 정보를 제공하고 있다.	추 가
• 부동산 관련 상담이 전문성을 갖추고 있다.	추 가
• 다양한 종류의 부동산 관련 컨텐츠를 제공하고 있다.	추 가
• 부동산에 관한 정확한 정보를 제공하고 있다.	e-SERVQUAL
• 부동산에 관한 충분한 정보를 제공하고 있다.	e-SERVQUAL
• 정보의 전달이 명확하고 설득력이 있어 이해하기 쉽다.	e-SERVQUAL
• 부동산 정보가 잘 정리되어 있다.	추 가
• 부동산 관련 정보가 빠짐없이 업데이트되고 있다.	추 가

평가 항목	출 처
• 포탈사이트를 통해서도 접속이 가능하다.	추 가
• 본인 스스로 개인정보변경이 가능하다.	추 가
• 뉴스/이벤트/공지 등을 이메일(E-mail)로 제공한다.	추 가
• 주요 포탈 및 검색엔진에 등록되어 있다.	추 가
• 인터넷을 이용하는 데 있어서 전체적인 웹사이트의 구조를 쉽게 파악할 수 있다.	e-SERVQUAL
• 웹사이트의 주소(URL: 도메인 주소)를 기억하기 쉽다.	e-SERVQUAL
• 웹사이트 화면의 그림과 글씨가 멋있다.	e-SERVQUAL
• 전체적인 분위기나 화면의 조화가 잘 이루어져 있다.	e-SERVQUAL
• 웹사이트의 각 화면에 게시된 내용들이 읽기 쉽게 되어 있다.	e-SERVQUAL
• 메뉴바의 형태나 구성을 일관성 있게 제공한다.	e-SERVQUAL
• 초기 화면의 디자인이 사이트의 성격을 잘 설명하고 있다.	추 가
• 이용자가 쉽게 이해하고 편리하게 사용할 수 있는 이용자 중심의 디자인이다.	추 가
• 메인 페이지와 서브페이지 간에 디자인의 일관성이 있다.	추 가
• 정보 검색이 편하게 구성되어 있다.	추 가
• 이용자가 다양한 방법으로 의견과 불만을 회사에 제기할 수 있다.	e-SERVQUAL
• 이용자의 의견과 불만에 회사가 신속하게 응답해 준다.	e-SERVQUAL
• 이용자 개개인의 선호에 부응하는 맞춤 서비스를 제공해 준다.	e-SERVQUAL
• 커뮤니티는 잘 조직화되어 있고 1년 365일 잘 관리되고 있다.	추 가
• 커뮤니티의 취지가 잘 정립되어 있고 운영 방식이 민주화되어 있다.	추 가
• 불만고객에 대한 서비스 회복을 위한 예방조치, 보상 등이 적절히 이루어지고 있다.	추 가
• 고객의 질문과 상담요청에는 신속하고 정확하게 대응해 준다.	추 가
• 서비스관련 질문 및 상담에 대한 처리진행 상황을 언제든지 파악할 수 있다.	추 가
• 답변에 대한 내용이 이해하기 쉽다.	추 가
• 시스템이 안정적으로 운영되고 있다.	e-SERVQUAL
• 초기 화면을 전송받는 데 소요되는 시간이 길지 않다.	e-SERVQUAL
• 어떠한 환경에서든지 화면이 빠른 속도로 전송된다.	e-SERVQUAL

제 2 절 인터넷 부동산 서비스 품질의 구성 요인

1. 부동산 정보 품질

일반적으로 인터넷 이용자들은 인터넷 부동산 서비스 회사가 제공하는 부동산 정보의 양이 적고 전문성이 적은 웹사이트보다 정보의 충분성과 전문성 그리고 정보의 적시성을 갖춘 웹사이트를 선호할 것이다. 여기에서 말하는 정보는 데이터를 통하여 형성이 되는데 데이터란 통계나 수치 등 분석되지 않은 사실이나 체계화되지 않은 상태를 말하고 정보는 특정 상황에 연계된 형태의 데이터를 의사결정에 이용 가능한 형태로 만들면 정보가 된다. 그리고 그 정보가 일반화되고 타당성이 입증되면 지식이 된다. 생산시스템에서 원자재가 처리 과정을 통하여 물리적인 생산품이 되는 것과 마찬가지로 데이터도 데이터생산시스템을 거쳐 생산물(정보, 지식)이 나온다고 보았다(Wang et al., 1995). 또한 Strong et al.,(1997)도 데이터를 생산, 저장하는 과정은 데이터생산 시스템의 과정이라고 가정하였으며 데이터를 평가하는 데 있어서 생산자 중심이 아닌 사용자 관점에서 품질지표를 제시하였다. 그리고 많은 연구들에서 인터넷 서비스의 중요한 품질 차원 중의 하나로서 정보 품질을 들고 있다. 구체적으로 Janda, Trocchia and Gwinner(2002)의 연구에서는 인터넷 서비스와 관련된 여러 문헌들을 검토하고 정보적 차원이 서비스 품질을 결정하는 주요한 차원이라고 주장하고 있고, Tan, Xie and Li(2003)의 연구에서는 Web-based Service quality차원 중의 하나로 정보 품질(quality of information)을 들고 있다. 또한 이문규 (2002)의 연구에서는 인터넷 서비스의 품질을 구성하는 하위 차원으로 정보 차원을 제시하고 있는데 특히 상품을 매매하지 않은 인터넷 서비스의 경우에는 정보의 비중이 높아질 수 있다고 주장하고 있다. 이 외에도 Tarafdar and Zhang(2006)의 연구, Elliott and Speck (2005)의 연구 등에서 정보 차원을 서비스 품질을 구성하는 중요한 차원으로 보고 있다. 이러한 정보 차원은 인터넷 서비스에 대한 고객들의 서비스 평가 및 만족도에 중요한 영향을 미친다는 연구들이 많다. 사이트에서 풍부하고 충분하고 시의 적절한 정보를 제공함에 따라 이용자의 탐색 비용을 줄일 수 있고, 더욱 우수한 의사결정을 할 수 있도록 하기 때문에 정보 품질이 우수한 사이트에 대해 더욱 높은 만족을 보일 것이라고 주장하고 있다(Szymanski and Hise 2000; Ballantine 2005; Cook and Coupey 1998; Glazer 1991). McKinney, Yoon and Zahedi (2002)의 연구에서는 웹사이트에 대한 고객만족은 웹사이트의 정보 내용에 대한 만족도에 의해 결정된다고 주장하였다. Hsu(2006)의 연구에서는 McKinney, Yoon and Zahedi(2002)의 연구에서 제시한 웹사이트의 정보적 품질(Web IQ)과 만족 간의 관계를 연구하였는데 실증연구 결과 웹사이트의 정보적 품질이 고객만족에 유의적인 정의 영향을 준다는 것을 발견하였다. 또한 Szymanski and Hise(2000)의 연구에서는 1,007명의 인터넷 쇼핑몰 이용자를 대상으로 한 실증연구를 통해 인터넷 쇼핑사이트의 제품정보가 인터넷 쇼핑사이트 만족에 모두 긍정적인 영향을 미친다는 실증결과를 제시하고 있다. 이러한 연구결과들에 기초하여 볼 때 부동산 관련 정보가 특히 중요하게 여겨지는 인터넷 부동산 서비스의 경우에는 정보 품질이 마케팅 성과에 큰 영향을 미칠 것이라 예상할 수 있다.

한편 Li et al.,(1997)은 기존에 연구된 성공 요인에 인간 관점을 추가하여 주요 성공 요인을 분석한 결과 성공 요인 중 정보시스템에서 나온 정보의 품질이 중요한 요인이라고 보았으며 정보의 품질 중에서도 정확성, 적시성, 신뢰성이 중요한 것으로 판명되었다. 또한 대부분의 인터넷 사용자들은 인터넷이 정보의 원천이라고 생각했으며 정보의 두 가지 관점은 정보의 충분성과 신뢰성이었다. 충분성은 소비자들에게 이용 가능한 정보의 양을 말하고 신뢰성은 정보원천의 확실성을 담보로 한다(Trocchia, Janda, 2003). Klobas(1995)도 정보의 본질적인 속성은 사용자의 용이성에 영향을 미치고 용이성이 증가하면 정보의 사용이 증가한다는 가설을 상관관계로 분석하였다.

2. 의사소통 품질

인터넷은 쌍방향적 커뮤니케이션 매체라는 특성을 가짐으로써 이용자와의 원활한 의사소통이 가능하다는 주장이 많다. 쌍방향성이라는 인터넷 매체의 특성으로 인해 의사소통이 더욱 중요하게 되었다. 이에 따라 Surjadjaja, Heston, Sid Ghosh and Jiju Antony(2003)의 연구에서는 성공적인 e-service의 결정요소로서 커뮤니케이션을 들고 있다. Griffith와 Krampf(1998)는 미국에서 인터넷 쇼핑몰을 운영하는 상위 100개 기업의 서비스 품질을 조사한 후 인터넷이라는 사이버공간에서 가장 일반적인 현상인 이메일 문의에 대한 답변 지연 등이라고 지적하면서 웹사이트가 고객을 만족시키기 위해서는 의사소통 활동이 원활하게 관리되어야 한다고 주장하고 있다. 이러한 인터넷의 특성을 반영하여 의사소통 품질은 인터넷 서비스의 품질을 구성하는 주요한 차원으로 다루어지는 경우가 많았다. Cai and Jun(2003)의 연구에서는 인터넷 서비스의 서비스 품질에 대한 여러 연구를 검토한 후에 의사소통(communication)을 서비스 품질은 구성하는 중요한 차원 중의 하나로 보고 있다. 이문규(2002)의 연구에서도 의사소통을 정보와 더불어 인터넷 서비스의 품질을 구성하는 중요한 하위 차원으로 보고 있다.

이러한 의사소통 차원은 인터넷 서비스에 대한 고객만족에 큰 영향을 미치는데 Yang, Peterson and Cai(2003)의 연구에서는 고객의 관심사와 질문에 대한 신속한 대응이 불만족을 줄이고, 고객만족을 높이는 데 중요하다고 주장하고 있다. 또한 Ribbink, Riel, Liljander and Streukens(2004)의 연구에서는 인터넷 서비스에 있어서 고객은 신속한 피드백을 요구하는데 고객의 요구에 대한 신속한 반응이나 고객의 피드백활동에 대한 관심이 웹사이트의 만족에 큰 영향을 준다고 주장하였다. 이들은 서적과 CD를 판매하는 인터넷 사이트의 고객을 대상으로 실증연구를 진행하였는데 인터넷 사이트의 반응성이 사이트에 대한 만족도에 정의 영향을 준다는 것을 발견하였다. 또한 고객과의 의사소통을 통해 고객에게 적합한 서비스를 제공하는 것도 웹사이트의 만족도에 영향을 준다는 것을 발견하였다. Cai and Jun(2003)의 연구에서도 의사소통만이 정보탐색자의 사이트의 전반적 품질평가에 유의적인 영향을 미친다는 결과를 보여주고 있다. Palmer(2002)의 연구에서는 사용자의 피드백에 대한 반응, 사이트 관리자의 응답 등의 사이트의 반응성이 우수한 사이트일수록 사용자들에 의해 더욱 성공적인 사이트라고 지각된다는 것을 실증적으로 보여주고 있다. 이러한 여러 연구들을 통하여 의사소통 품질이 인터넷 부동산 서비스 품질을 구성하는 중요한 차원이고, 이러한 의사소통 품질이 인터넷 부동산 서비스에 대한 지각된 유용성과 사용 용이성, 그리고 만족도에 영향을 미칠 것이라는 추론을 가능하게 한다.

3. 접속 편리성 품질

소비자들의 욕구는 점점 까다롭고 다양하게 변화하고 있다. 인터넷 서비스를 이용하는 많은 이용자들도 편의성의 욕구 때문에 인터넷을 사용하는 경우가 많다. Donthu and Garcia(1999)의 연구에서는 인터넷 서비스의 사용자들이 더 편의성을 지향한다는 사실을 발견하였다. 인터넷 서비스의 접속 편리성과 관련하여 인터넷 쇼핑몰 등과 같이 상거래가 많이 이루어지는 사이트를 중심으로 한 연구에서는 거래 편리성이라는 차원으로 다루고 있는 연구가 많다. Janda, Trocchia and Gwinner(2002)의 연구에서는 인터넷 서비스와 관련된 여러 문헌들을 검토하고 사용 용이성이 서비스 품질을 결정하는 주요한 차원이라고 주장하고 있다. Cho and Park(2001)의 연구에서는 인터넷 쇼핑에 대한 고객만족을 구성하는 차원으로써 탐색의 용이성, 주문의 편리성 등으로 구성된 구매 과정(purchase process)을 제시하고 있다. 이문규 (2002)의 연구에서는 인터넷 서비스의 품질을 구성하는 하위 차원으로 소비자들이 인터넷 사이트를 통해서 상거래를 하는데 상품을 탐색, 주문하고 지불하는 과정에서 요구되는 절차와 기능상의 편의성을 포함하는 동시에 서비스 비용이나 상품가격을 평가하는 거래(transaction) 차원을 들고 있다. 이러한 편리성 차원은 고객만족에 영향을 미치는 경우가 많은데 Szymanski and Hise (2000)의 연구에서는 인터넷 쇼핑사이트의 편리성이 인터넷 쇼핑사이트 만족에 모두 긍정적인 영향을 미친다는 결과를 제시하고 있다. Elliott and Speck(2005)의 연구에서는 소매사이트의 사용 용이성이 소매 웹사이트 태도에 긍정적인 영향을 준다는 것을 발견하였다.

Evanschitzky, Iyer, Hesse and Ahlert(2004)의 연구에서는 독일의 인

터넷 쇼핑몰, 인터넷 뱅킹을 대상으로 연구한 결과 웹사이트의 편리성이 사이트의 만족도에 중요한 영향을 미치는 요소라는 것을 발견하였다. 인터넷 부동산 서비스의 경우 사이트에서 직접적인 상거래는 별로 이루어지지 않아서 거래 편리성이라고 부르기는 어렵지만 서비스의 이용과 관련된 편리성이 중요하다. 일반적으로 언급되는 것과 같이 시공간의 제약 없이 24시간 원하는 정보를 찾거나 구매하기 위해서는 검색의 신속성과 편리성이 필요하다는 이유 이외에 다음과 같은 이유들이 있다. 부동산 매물정보의 경우에는 지역별, 단지별, 평형별로 편차가 크고, 부동산의 이질성으로 인해 약간의 특성이 상이해도 가격 등에 있어서 차이가 크게 나타나기 때문에 사용자들이 세심하게 검색을 해야 할 경우가 많기 때문이다. 또한 실제로 많은 부동산 매물정보들의 등록이나 수정이 사용자에 이루어지는 경우가 상대적으로 더욱 많기 때문이다. 이러한 점에서 인터넷 부동산 서비스의 경우에 접속 편리성은 서비스의 실질적 이용과 밀접히 관련되어 있어 있고, 가정이나 직장에서 정보서비스를 받을 수 있기 때문에 교통문제나 주차문제로 고민하지 않아도 된다. 인터넷 부동산 서비스에 대한 만족에 큰 영향을 줄 가능성이 높다는 점에서 접속 편리성 품질을 중요한 서비스 품질 차원으로 구성한다.

4. 디자인 품질

마케팅 분야에서 실시한 한 연구에서 온라인 회사의 성공 여부를 결정하는 중요한 요소들은 정보시스템으로서의 웹사이트와 직접 관련이 있는 것으로 나타났다. Rice(1997)는 무엇이 웹사이트의 방문자들의 수를 감소시키는가에 대한 설문을 실시하여 즐거움과 흥분 같은 감정적인 경험, 네비게이션의 용이성, 정보검색의 용이성, 목차, 레이아웃과 같은 디자인 특징들이 재방문 의도에 가장 큰 영향을 미치는 변수라는 사실을 발견하였다. 또한 쇼핑몰의 특성을 디자인 특성과 마케팅 특성으로 구성하여 쇼핑몰 만족과의 관계를 검증한 결과 구성디자인 특성 중에서 쇼핑몰 구성의 편리성이 쇼핑몰 만족에 가장 큰 영향을 주는 변수로 나타났다(안준모·한상록, 1999). 한편 만델과 존슨(Mandel and Johnson)은 웹페이지 배경 그림, 색깔 등과 같은 디자인 요소가 제품에 대한 소비자들의 속성 중요도(attribute weight)에 영향을 미쳐 궁극적으로 컨텐트웨어 선택에까지 영향을 줄 수 있음을 제시하고 있다. 즉 웹페이지의 배경으로 삽입된 요소들이 소비자들의 머릿속에 남아, 컨텐트웨어를 선택할 때 그러한 웹페이지의 요소들이 활성화되어 더욱 중요하게 인식된다는 것이다. 이러한 연구는 인터넷 환경에서 배경화면과 같은 주변 단서들(peripheral cues)이 소비자 선택에 의미 있는 영향을 미칠 수 있음을 제시해 주는 것이다.[29]

많은 웹디자이너들이 웹사이트를 아주 멋있게 만들어 주겠다고 말한다. 하지만 멋있는 웹사이트는 성공적인 웹사이트의 운영과 관리를 위한 필요조건은 되지만 충분조건은 될 수 없다. 웹디자인이란 말 그대로 웹을 디자인해 주는 일을 말한다. 웹디자인의 궁극적인 목적은 수많은 웹사이트 중에서 자신의 웹사이트를 독창성과 사용 용이성, 유용성이 있게 디자인하여 웹사이트 이용자들로 하여금 만족을 느끼게 하고 다시 방문하고 싶도록 만드는 것이다. 보통 인터넷을 통해 훌륭한 디자인이라고 판단되는 페이지는 표현의 차별성, 글과 이미지의 배치관계, 사용의 편리성, 이용자 중심의 디자인, 디자인의 일관성 및 통일성, 가독성, 그리고 사용된 색상의 조화 등 여러 가지 판단 기준에 의해 결정된

---

29) 이두희(2004), 「통합적인터넷마케팅」, 박영사, 87쪽.

다. Szymanski and Hise(2000)의 연구에서도 사이트설계에 대한 소비자의 지각이 호의적이면 사이트에 대한 만족도 높다는 것을 실증적으로 보여주고 있다. 웹디자인의 궁극적인 목적은 수많은 웹사이트 중에서 자신의 웹사이트를 독창성과 사용 용이성, 유용성이 있게 디자인하여 웹사이트 이용자들로 하여금 만족을 느끼게 하고 다시 방문하고 싶도록 만드는 것이다.

그리고 부동산 웹사이트의 디자인을 위해서는 구체적인 계획이 필요하며 웹사이트의 제작 목적을 반영하기 위한 디자인 계획의 4요소는 다음과 같다.[30]

(1) 마켓 포지션 반영: 시장에서 제작하고자 하는 웹사이트의 성격과 이미지를 부동산 고객들에게 어떻게 인식시킬 것인가 하는 전략이 있어야 한다. 즉 누가 와서 웹사이트를 볼 것인가를 분명하게 파악해야 한다. 실버타운 관련 부동산 상품을 웹사이트에 소개하려면 시각적 효과인 화면의 글씨 크기와 색상 그리고 그림도 실버타운의 주요 고객인 노인들을 고려해서 디자인을 해야 하는 이유가 여기에 있다.

(2) 독창성: 수많은 경쟁사 웹사이트와 차별화를 시도하면서 경쟁우위를 유지하려면 웹사이트의 디자인이 방문자의 기억 속에 오래 남고 자신이 판매하는 부동산 상품과의 연상 작용이 일어나야 한다. 기존의 템플릿(Template)[31] 형태의 웹사이트로는 고객들에게 차별화된 부동산 중개 서비스를 제공할 수 없다.

(3) 일관성: 항상 방문자들이 웹사이트를 방문하여 검색하고 있다는 사실을 상기하여 웹디자인에 있어서 이용자 관점에서의 디자인 일관성

---

30) 강병기·유선종·장희순 공역(2002), 「부동산인터넷마케팅」, 부연사, 100-101쪽을 필자가 재구성함.
31) 특정한 형태의 웹페이지를 미리 제작해 놓고 조건에 따라 그 내용만 바꾸어 주는 부동산 프랜차이즈 중개업소의 웹사이트 형태를 말한다.

을 유지해야 한다.

(4) 명확성: 사용 용이성에 근거한 웹사이트의 디자인을 해야 한다. 읽기 힘들거나 탐색하기가 힘든 웹사이트라면 방문자들은 더 이상 컨텐츠를 살펴보지도 않고 사용하기 편리한 경쟁사 웹사이트로 이동할 것이다. 따라서 웹디자인의 각 요소마다 기능과 개념을 명확하게 해야 웹사이트의 만족도가 높아져 이용자들이 재방문할 가능성이 높아진다.

5. 시스템 품질

시스템은 보안성과 안전성, 두 가지로 크게 나눌 수 있는데 보안성은 정보 서비스 업체에서 소비자들이 제공하는 개인 신상정보 보호와 해킹으로부터의 안전 그리고 제품 및 서비스 구매 후 결제 시스템 관련 차원이고 안전성은 시스템 관리의 차원으로서 다운로드의 신속성이라든지 접속자 수의 변동성에 능동적으로 대처할 수 있는 능력을 말한다. 따라서 사용자가 인터넷 서비스를 효과적으로 이용하기 위해서는 시스템이 안정적으로 운영되고, 신속하게 화면을 전송할 수 있어야 한다. 이와 관련하여 Weinberg(2000)의 연구에서는 웹 사용자가 기다리려고 하는 시간이 지나서 웹페이지가 로딩되면 웹 사용자는 경쟁기업의 웹사이트로 이동하거나 웹사이트를 이용하지 않으려 하기 때문에 잠재적 고객과 상호작용을 하거나 서비스를 제공할 기회를 상실하게 된다고 주장하고 있다. 이러한 측면에서 시스템 차원을 인터넷 서비스 품질을 구성하는 하나의 하위 차원으로 보는 경우가 많은데 McKinney, Yoon and Zahedi(2002)의 연구에서는 웹사이트에 대한 고객만족은 웹정보 품질에 대한 만족뿐만 아니라 정보를 제공하는 데 있어서의 웹사이트의 시스템 품질에 대한 만족에 의해 결정된다고 주장하고 있다. Tan, Xie and Li(2003)의 연구에서는 사이트에 신속하게 접근할 수 있는 정도, 웹사이트에서의 화면의 전송속도, 이동속도 등이 Web-based 서비스 품질을 결정하는 차원이라고 보고 있다. 이러한 시스템 차원도 역시 사이트에 대한 만족도를 결정하는 데 영향을 미치는데 다운로드 시간과 관련하여 Dellaert and Kahn(1999)의 연구에서는 실험을 통해 정보의 다운로드에 있어서의 대기시간이 소비자가 지각하는 사이트의 성과에 부정적인 영향을 미친다는 것을 발견하였다. Palmer(2002)의 연구에서는 웹사이트를 접속하거나 사이트 내에서 페이지를 변화할 때 겪게 되는 다운로드 지연이 작은 사이트일수록 사용자에 의해 성공적인 사이트로 지각된다는 것을 보여주고 있다. Tarafdar and Zhang(2006)의 연구에서는 Nielson NetRating 데이터베이스에 있는 사이트 중에서 웹사이트 사용빈도에 있어서 상위를 기록한 웹사이트의 특성들 중의 하나로 다운로드 스피드(download speed)를 찾아냈다. Hsu(2006)의 연구에서는 120명의 대학생 및 대학원생 표본을 사용하여 McKinney, Yoon and Zahedi(2002)의 연구에서 제시한 웹사이트의 시스템 품질(Web SQ)과 만족 간의 관계를 연구하였는데 그 결과 웹사이트의 시스템 품질이 고객만족에 유의적인 정의 영향을 준다는 것을 발견하였다. Hoffman & Novak(2000)은 인터넷 쇼핑몰의 시스템 구축에 있어서 체계적이고 원칙이 있는 시스템 구축과 화면처리 속도가 인터넷 쇼핑몰을 이용하는 고객의 중요한 만족 요인으로 작용한다고 하였다.

제 3 절 연구모형 및 가설의 설정

　본 절은 인터넷 부동산 서비스 업체들이 제공하는 웹사이트의 서비스 품질이 매개 변수인 지각된 유용성과 사용 용이성, 그리고 고객만족에 미치는 영향과 또 매개 변수가 결과 변수인 재방문 의도와 상호간에 어떠한 영향을 미치는가를 확인하기 위해 연구모형과 연구가설의 도출을 중심으로 구성하였다.

1. 연구모형 I 및 가설의 설정 - 기술수용모형

　본 연구의 목적과 이론적 고찰 그리고 선행연구들에서 살펴본 내용을 근거로 연구에서 가정한 연구 변수들의 인과관계를 분석하기 위해 〈그림 3-1〉와 같이 연구모형을 개발하였다. 연구모형의 구성 과정은 기술수용모형(TAM)에서 Davis et al.,(1989)의 연구에 따라 태도와 의도를 유사한 변수로 보고 지각된 유용성과 지각된 사용 용이성이 재방문 의도(사용의도)에 직접 영향을 미치는 형태로 모형을 재구성하였다. 한편 아래의 연구모형을 토대로 구조방정식모형(SEM: Strucrural Equation Model)을 다음과 같은 수식으로 나타낼 수 있다.

$$PU = \beta_{1-1}RI + \beta_{1-2}CO + \beta_{1-3}AC + \beta_{1-4}DE + \beta_{1-5}SY$$
$$+ \beta_5 PEU + \eta_1$$

$$PEU = \beta_{2-1}RI + \beta_{2-2}CO + \beta_{2-3}AC + \beta_{2-4}DE$$
$$+ \beta_{2-5}SY + \eta_2$$
$$RV = \beta_3 PU + \beta_4 PEU + \eta_3$$

여기서 PU=지각된 유용성, PEU=지각된 사용 용이성, RV=재방문 의도, RI=부동산 정보, CO=의사소통, AC=접속 편리성, DE=디자인, SY=시스템을 나타내고 β_i는 경로계수로서 통계적으로 추정될 모수를 말하며 η_i는 오차항을 나타낸다.

<그림 3-1> 연구모형 Ⅰ

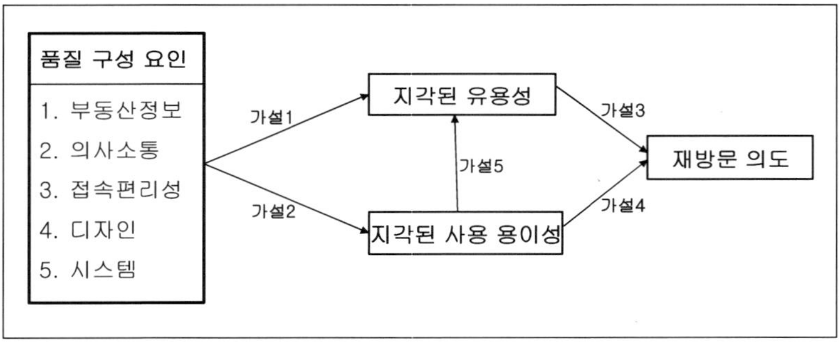

소비자에게 인지되는 서비스 품질과 결과 변수와의 관계를 규명하는 것은 서비스를 제공하는 실무자 입장에서나 서비스 품질을 연구하는 학자들에게 있어서 매우 중요한 과업 중의 하나이다. 기술수용모형(TAM: Technology Acceptance Model)은 기술채택 과정을 설명하는 가장 최근의 모델로서 정보기술 수용의 행태적 과정을 전체적으로 설명하는 모형이다(Davis, 1989). 기술채택에 영향을 미치는 요인들에 대한 기존의 연구들은 개인과 조직 그리고 환경적 특성들이 각각 정보기술 수용에

직접적으로 영향을 미친다고 가정하고 있으나 기술수용모델에서는 이들 변수들이 매개 변수를 통해 간접적으로 영향을 미친다고 본다. 인터넷 부동산 서비스에서는 해당 웹사이트의 재방문 의도가 서비스 기업의 마케팅 성패를 좌우하기 때문에 인터넷 부동산 서비스 품질이 매개 변수인 고객이 느끼는 사용 용이성과 유용성에 미치는 영향, 그리고 재방문 의도에 미치는 영향을 검증하기 위하여 다음과 같이 가설 1과 가설 2를 설정하였다.

가설 1: 인터넷 부동산 서비스 품질이 지각된 유용성에 긍정적인 영향을 미칠 것이다.

   1-1. 부동산 정보 품질이 지각된 유용성에 긍정적인 영향을 미칠 것이다.

   1-2. 의사소통 품질이 지각된 유용성에 긍정적인 영향을 미칠 것이다.

   1-3. 접속 편리성 품질이 지각된 유용성에 긍정적인 영향을 미칠 것이다.

   1-4. 디자인 품질이 지각된 유용성에 긍정적인 영향을 미칠 것이다.

   1-5. 시스템 품질이 지각된 유용성에 긍정적인 영향을 미칠 것이다.

가설 2: 인터넷 부동산 서비스 품질이 지각된 사용 용이성에 긍정적인 영향을 미칠 것이다.

   2-1. 부동산 정보 품질이 지각된 사용 용이성에 긍정적인 영향을 미칠 것이다.

   2-2. 의사소통 품질이 지각된 사용 용이성에 긍정적인 영향을 미칠 것이다.

2-3. 접속 편리성 품질이 지각된 사용 용이성에 긍정적인 영향을
미칠 것이다.

2-4. 디자인 품질이 지각된 사용 용이성에 긍정적인 영향을 미칠
것이다.

2-5. 시스템 품질이 지각된 사용 용이성에 긍정적인 영향을 미칠
것이다.

Davis(1989)는 기술수용모형에서 어떤 기술이나 시스템을 소비자가
잘 이용하도록 하기 위해서는 기술이나 시스템이 소비자에게 유용하다
고 지각되어야 한다고 주장한다. 그리고 지각된 유용성은 기술이나 시
스템을 사용하는 것이 성과를 높일 것이라는 사용자의 주관적 확률로
정의된다. 그리고 정보시스템의 지각된 유용성이 정보시스템에 대한 사
용자의 이용 행동이나 의도에 영향을 준다는 것을 실증적으로 보여주
고 있다. 이러한 연구들을 통해서 인터넷 사용자들이 인터넷 부동산 서
비스가 유용하다고 지각할수록 사용자들은 인터넷 부동산 서비스를 더
많이 이용하려고 할 것이라고 예상되어 이를 검증하기 위해 가설 3을
설정하였다.

가설 3: 인터넷 부동산 서비스 사이트의 유용성이 높다고 지각하는
소비자일수록 인터넷 부동산 서비스 사이트의 재방문 의도가 높을 것
이다.

인터넷 부동산 서비스의 재방문 의도에 영향을 주는 또 다른 특성으
로서 소비자의 인터넷 부동산 서비스에 대한 지각된 사용 용이성이 있
다. 여기서 지각된 사용 용이성은 목표기술이나 시스템의 사용에 상대

적으로 적은 노력을 들여도 되는 정도를 의미한다(Davis 1989; Davis et al., 1989; Agarwar and Prasad 1998). Davis(1989)의 연구에서는 정보시스템의 지각된 사용성이 정보시스템에 대한 사용자의 이용, 즉 현재의 이용 행동이나 미래 이용 의도에 유의적인 영향을 준다는 것을 실증적으로 보여주고 있다. 이러한 연구들을 통해서 볼 때 소비자들이 인터넷 부동산 서비스의 이용이 쉽다고 지각할수록 소비자들은 인터넷 부동산 서비스를 더 많이 이용하려 할 것이라고 예상되어 이를 검증해보기 위해 다음과 같이 가설 4를 설정하였다.

　가설 4: 인터넷 부동산 서비스 사이트의 사용 용이성이 높다고 지각하는 소비자일수록 인터넷 부동산 서비스 사이트의 재방문 의도가 높을 것이다.

　한편 기술수용모형에서는 지각된 사용 용이성이 지각된 유용성에 영향을 준다고 주장하고 있다. 어떤 기술이나 시스템이 사용하기 용이하다고 지각되는 경우에 잠재적 수용자들은 그 기술이나 시스템을 효과적으로 활용할 수 있기 때문에 유용성 지각이 높아지게 된다. 인터넷 부동산 서비스의 경우에도 소비자들이 사용하기 쉽다고 지각할수록 인터넷 부동산 서비스를 활용하여 여러 가지 유용한 혜택을 얻을 수 있을 것이라고 기대하기 때문에 지각된 사용 용이성은 지각된 유용성에 영향을 줄 것이라고 판단되어 이를 검증해 보기 위해 다음과 같이 가설 5를 설정하였다.

　가설 5: 인터넷 부동산 서비스 사이트의 사용 용이성이 높다고 지각하는 소비자일수록 인터넷 부동산 서비스 사이트의 유용성이 높다고 지각할 것이다.

2. 연구모형Ⅱ 및 가설의 설정 - 고객만족모형

요인분석을 통해 추출된 5개의 인터넷 부동산 서비스 품질 구성 요인이 매개 변수인 고객만족에 어떤 영향을 미치고 그리고 고객만족이 결과 변수인 재방문 의도에 어떤 영향을 미치는지 알아보기 위해 〈그림 3-2〉와 같이 연구모형을 완성하였다. 또한 아래의 연구모형을 기초로 구조방정식모형(SEM: Strucrural Equation Model)을 세우면 다음과 같은 수식으로 나타낼 수 있다.

$$CS = \beta_{1-1}RI + \beta_{1-2}CO + \beta_{1-3}AC + \beta_{1-4}DE + \beta_{1-5}SY + \delta_1$$
$$RV = \beta_2 CS + \delta_2$$

여기서 CS=고객만족 RV=재방문 의도, RI=부동산 정보, CO=의사소통, AC=접속 편리성, DE=디자인, SY=시스템을 나타내고 β_i는 경로계수로서 통계적으로 추정될 모수를 말하며 δ_i는 오차항을 나타낸다.

〈그림 3-2〉 연구모형 Ⅱ

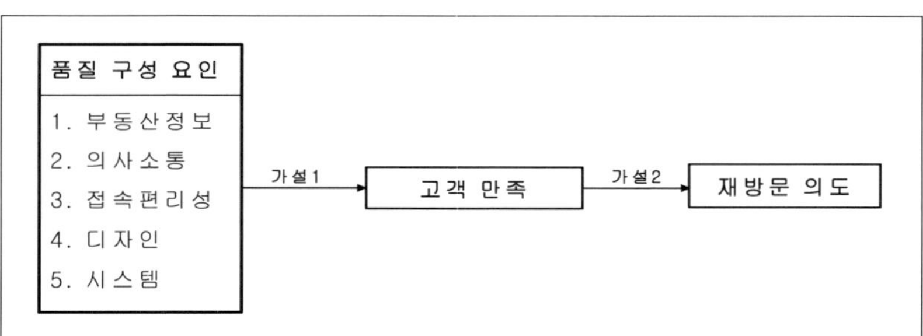

Woodside(1989)는 업무별 서비스 품질이 전반적 서비스 품질에 그리고 전반적 서비스 품질은 전반적 고객만족에 영향을 미치며, 최종적으로 전반적 고객만족은 재구매 의도에 영향을 미친다는 연구결과를 발표하였다. 또한 Cronin과 Taylor(1992)[32]는 서비스 품질과 고객만족이 재구매 의도에 미치는 영향을 나타내는 연구모형을 설정하고 이를 검증한 실증연구에서 서비스 품질이 고객만족에 유의적인 영향을 미치고, 또 고객만족은 재구매 의도에 유의적인 영향을 미치는 것을 밝혀냈다. 그리고 Parasuraman(1988) 등이 제시한 서비스 품질의 5가지 속성도 서로 고객만족에 미치는 영향력 정도가 다르게 나타날 것으로 예상된다. 따라서 인터넷 부동산 서비스 품질 구성 요인 5가지가 고객만족에 미치는 상대적인 중요도를 파악할 수 있다면 인터넷 부동산 서비스 업체가 웹사이트의 서비스 품질을 향상시키기 위해 고려해야 할 속성을 규명하는 데 많은 도움을 줄 것으로 판단된다. 따라서 Cronin과 Taylor(1992)의 연구를 인터넷 부동산 서비스에 적용하여 검증해 보기 위해 인터넷 부동산 서비스 품질이 고객만족에 긍정적인 영향을 미칠 것이라는 가설을 설정하였다.

가설 1: 인터넷 부동산 서비스 품질이 고객만족에 긍정적인 영향을 미칠 것이다.
    1-1. 부동산 정보 품질이 고객만족에 긍정적인 영향을 미칠 것이다.
    1-2. 의사소통 품질이 고객만족에 긍정적인 영향을 미칠 것이다.
    1-3. 접속 편리성 품질이 고객만족에 긍정적인 영향을 미칠 것이다.
    1-4. 디자인 품질이 고객만족에 긍정적인 영향을 미칠 것이다.
    1-5. 시스템 품질이 고객만족에 긍정적인 영향을 미칠 것이다

---

32) PZB(1988)의 SERVQUAL 모형에 대한 타당성에 의문의 제시하고 서비스 품질은 기대가 아닌 성과에 의해서 결정된다고 주장함.

Cronin과 Taylor(1992)는 또한 전반적인 서비스 품질이 고객만족과 구매 의도에 영향을 미치고, 고객만족이 구매 의도에 영향을 미치지만 서비스 품질이 구매 의도에 미치는 영향력 정도는 고객만족이 구매 의도에 미치는 영향보다 작다고 주장하였다. 한편 PZB(1994)는 서비스 품질이 고객만족을 유도한다는 관점에는 동의하면서도 그 원인과 방향보다는 상호관계에 보다 더 유의할 것을 주장하고 있다. 따라서 인터넷 부동산 서비스 품질, 고객만족, 재방문 의도 변수 간의 상호 인과관계를 파악하고 영향력을 규명한다면 웹사이트의 서비스 품질관리에 대한 중요한 시사점을 제공하리라 본다. Oliver(1980)는 고객만족이 구매 후 태도뿐만 아니라 재구매 의도 또는 상표 전환에 미치는 영향에 관한 기존 연구에서 고객만족이 재구매 의도에 긍정적인 영향을 미친다는 사실을 밝히고 있다. 또한 Woodside(1989) 등은 구매 의도 형성에 있어서 서비스 품질과 고객만족 간의 관계를 처음으로 제시하였다. 연구 결과 고객만족은 서비스 품질과 구매 의도 간의 매개 변수인 것으로 나타났다. 이에 본 연구에서는 서비스 품질＝〉고객만족＝〉재방문 의도의 구조로 만든 다음 이를 검증하기 위해 다음과 같은 가설을 설정하였다.

가설 2: 소비자는 인터넷 부동산 사이트의 만족도가 높을수록 재방문 의도가 높을 것이다.

제 4 장

실증분석

제 1 절 조사 설계

1. 표본의 설계

자료 수집을 위해 사전 조사와 본 조사로 나누어서 설문조사를 실시하였다. 사전 조사는 조사 도구의 개발 및 수정 그리고 보완을 위한 목적으로 자유기술 응답을 통하여 인터넷 부동산 서비스와 관련된 서비스 품질, 지각된 유용성과 사용 용이성, 고객만족, 재방문 의도에 대한 요인을 심층적으로 추출하기 위해 실시하였다. 사전 조사의 실시는 2005년 6월에 이메일을 통하여 인터넷 부동산 서비스 이용 경험이 있는 사람들을 대상으로 하였으며 주로 항목의 신뢰도와 타당도, 이해도, 영역 및 유형 분류의 적합성을 검토하였다. 사전 조사의 분석결과를 근거로 하여 질문과 응답 형태의 일부 수정, 영역 및 유형 분류의 부적합한 항목 수정과 삭제 그리고 보충하였으며 응답 내용을 사전에 분석하여 본 조사결과를 해석할 때 참고자료로 활용하였다. 한편 본 조사는 이론적 배경을 근거로 도출된 가설들을 검증하고 인터넷 부동산 서비스 이용자들의 행태분석을 실시하기 위해 인터넷 설문조사를 실시하였다. 인터넷 설문조사는 실제로 인터넷 부동산 서비스를 이용하고 있는 사람들을 대상으로 설문조사가 가능하기 때문에 모집단에 대한 대표성을 높일 수 있고 인터넷상에서 프로그램화하여 자동으로 관리자 모드에서 설문 현황을 실시간으로 파악할 수 있다. 또한 각 업체별 설문 참여 인원과 중복 응답자 현황도 프로그램화시켜 측정오류를 최소화시켰으며 별도의 코딩 과정을 거치지 않아 데이터의 입력 과정에서의 오류를 방지할 수 있고 설문조사 과정 중에도 자료 분석을 실시할 수 있는 장점이 있다. 효과적인 부동산 인터넷 마케팅전략을 수립하고 결과를 분석 평가하기 위해서는 인터넷 마케팅조사 과정과 여러 가지의 마케팅 활동들에 대한 정보를 수집, 분석 과정이 반드시 필요하다. 인터넷 마케팅 조사의 장점으로는 특정 표본의 선정이 용이하고 시간대와 기상 상태의 제약이 없기 때문에 단기간에 조사가 가능하다. 그리고 일반 조사에서 접근하기 어려운 전문가 집단, 먼 지역, 해외 지역의 조사도 가능하다.

실증분석을 위한 자료는 구조화된 설문지로 편의표본추출 방법을 이용하여 인터넷 설문조사를 실시하여 구했다. 조사 기간은 한 달간(2005년 7월 15일−8월 15일)이고 주요 인터넷 부동산 서비스 회사의 웹사이트와 포털사이트인 네이버의 부동산 섹션 배너 광고 그리고 다음의 부동산 관련 카페 회원, 부동산 대학원 전체 원우들을 대상으로 이메일 발송을 통해 총 1007응답자를 확보하였으며 이 중 불성실 응답자와 IP(Internet Protocol) 검색을 통해 확인한 중복 응답자 55명을 뺀 952명의 설문지를 최종 분석에 사용하였다.

2. 변수의 조작적 정의 및 측정

주요 변수들에 대한 조작적 정의와 측정 항목들은 기존의 연구들에서 제시된 측정 항목을 바탕으로 개발되었다. 지각된 사용 용이성과 지각된 유용성에 대해서는 기술수용모델과 관련된 연구들에서 제시되어 있는 변수의 조작적 정의와 측정 항목들을 활용하였다. 지각된 사용 용이성과 지각된 유용성은 Davis et al.,(1989)의 연구 성과를 토대로 지각된 사용 용이성은 인터넷 부동산 서비스 이용에 상대적으로 적은 노력을 들여도 되는 정도로 정의하였고 지각된 유용성은 인터넷 부동산 서비스를 이용하는 것이 성과를 높일 것이라는 사용자의 주관적 확률로 정의하였다.

또한 측정 항목도 Davis(1989), Davis et al.,(1989)의 연구에서 사용된 항목들을 인터넷 부동산 서비스 상황에 맞게 수정하여 전혀 그렇지 않다(1) 보통이다(4) 정말 그렇다(7)의 리커트 7점 척도인 다항목 척도를 사용하였다. 그리고 인터넷 부동산 서비스 재방문 의도는 Jarvenpaa and Todd(1997)의 연구 및 Akaah et al.,(1995)의 연구에서 사용되었던 항목들을 사용하였던 다항목 척도를 어의차별 7점 척도[33]로 측정하였다. 인터넷 부동산 서비스 품질 관련 변수들, 정보, 의사소통, 거래의 편의성, 디자인, 시스템 등은 이론적인 배경과 선행연구들 그리고 이문규(2002) 외 여러 선행연구들을 바탕으로 하여 인터넷 부동산 서비스 시장의 특성에 맞는 문항을 관련 업체의 각 분야별 전문가들을 통해 개발한 후 평가 항목(Re-SERVQUAL)으로 채택하여 리커트 7점 척도[34]로 측정하였다.

---

33) 전반적인 만족을 표현하는 여러 가지 방법과 연관된 어의 차이 항목들을 합산함.
34) 서비스 품질에 대한 만족정도 등을 묻는 몇 개의 항목(문장)에 대한 응답(매우 동의함-매우 동의하지 않음)을 합산함.

3. 자료 분석방법

자료 분석방법으로는 통계 프로그램인 SPSSWIN 10.0을 이용하여 인터넷 부동산 서비스 품질평가와 관련된 54개의 문항에 대하여 반복적인 요인분석을 실시하였다. 요인분석 결과 최종적으로 5개 차원(요인), 35개의 문항으로 구성된 인터넷 부동산 서비스에 대한 서비스 품질척도를 개발하였고 가설검증을 하기 위해 구조방정식모형분석을 이용하였으며 통계 프로그램은 AMOS 4.0을 사용했다. 또한 부동산 정보 구득 방법과 인터넷 부동산 정보의 평가 성향을 분석하기 위해 다중응답 분석과 교차 분석을 이용하여 χ^2(chi-square) 검증을 실시하였고 인터넷 부동산 직거래 성향을 분석하기 위해 일원분산분석을 실시하였다. 그리고 인터넷 부동산 서비스 업체별 고객만족 품질평가를 위해 다중회귀분석방법을 사용하였다.

가. χ^2(Chi-square) 검증

두 변수 간의 관계가 독립적인지 관련성이 있는지를 판단하기 위한 분석기법으로 두 변수 모두 명목척도로 측정되었을 때 사용된다. 실제의 데이터에서 얻은 관찰빈도와 기대 빈도의 차이를 비교, 즉 주어진 관찰빈도가 기대 빈도에 얼마나 가까운지를 확인함으로써 귀무가설을 검정하는 것이다. χ^2 통계량이 임계치보다 크면 두 변수가 독립적이라는 귀무가설을 기각하게 된다. 본 연구에서는 부동산 정보 구득 방법과 인터넷 부동산 정보의 평가 성향을 분석을 하기 위해 χ^2 검증을 실시하였다.

나. 일원분산분석(one-way ANOVA)

일원분산분석은 세 집단 이상의 집단 평균치의 차이를 검정하고자 하는 경우에 사용하는 분석방법이다. 독립변수에 의해 구분된 집단들이 동일한 집단인지 아닌지를 분산개념을 이용하여 검증하는 것이다. 전체 분산을 집단 내 분산과 집단 간 분산으로 나누어 이 분산들을 각각의 자유도로 나눈 평균분산의 비율의 수치를 이용하여 F 검정을 하게 된다. F값은 집단 간 분산을 집단 내 분산으로 나눈 값으로 이 값이 커지면 집단의 평균 차이가 없다는 귀무가설을 기각하게 된다. 그리고 분산분석을 하려면 독립변수들의 척도는 질적 척도인 명목, 서열척도여야 하고 종속변수는 양적척도인 등간, 비율척도여야 한다. 본 연구에서는 인터넷 부동산 직거래 성향을 분석하기 위해 일원분산분석을 실시하였다.

다. 다중회귀분석(multiple regression analysis)

회귀분석은 종속변수에 영향을 미치는 독립변수가 어떤 것들이 있으며 그 영향 정도는 어느 정도인가를 파악하는 데 사용하는 분석기법이다. 여기서 예측상대변수로 선정된 하나의 변수를 종속변수라고 하며 이에 영향을 미치는 여러 개의 변수들을 독립변수라고 칭한다. 또한 종속변수와 독립변수의 관계는 회귀식이라는 함수에 의해 표현되는데 여기서 각 독립변수가 종속변수에 미치는 영향의 정도, 방향 등이 회귀계수로서 나타나게 된다. 따라서 어떤 독립변수가 더 중요한 역할을 하는지, 어떤 방향으로 작용하는지 그리고 독립변수의 값을 변화시켰을 때 종속변수의 값은 어떻게 되는지 등을 알 수 있다.[35] 단순회귀분석은

---

35) 임종원 · 조호연 · 신종칠(2002), 「마케팅조사론」, 법문사, 264쪽.

단순히 하나의 독립변수와 하나의 종속변수 간의 관계를 설명하는 것이고 다중회귀분석은 종속변수에 미치는 독립변수들이 두 개 이상일 경우를 말한다. 본 연구에서는 인터넷 부동산 서비스 업체별 고객만족 품질평가를 위해 다중회귀분석방법을 실시하였다.

라. 요인분석(factor analysis)

요인분석이란 질문 문항들, 변수들 혹은 대상들 사이에 있어서의 상호관계를 분석해서 이들 사이에 공유·내재된 구조를 파악해 내는 기법을 말한다. 즉 변수들 사이에 상관관계에 근거하여 이들 변수들의 집합 속에 존재하는 공유된 관계 또는 구조(structure)를 파악해 냄으로써 변수들을 보다 적은 수의 동질적인 차원으로 묶어주고 자료의 양적·물적 및 자료에 대한 이해를 용이하게 해 주는 기법이다.[36] 즉 요인분석은 다수의 변수들 간의 상관관계를 기초로 많은 변수들 속에 내재하는 체계적인 구조를 찾아내 보려는 기법으로, 이를 통해 연구자에게 변수의 형태로 주어진 많은 정보를 쉽고 간단하게 보다 적은 수의 요인으로 제시해 주는 분석방법을 말한다. 본 연구에서는 인터넷 부동산 서비스 품질척도(Re-SERVQUAL)를 개발하고 서비스 품질 구성요인을 추출하기 위해 요인분석을 사용하였다.

---

36) 임종원·조호연·신종칠(2002), 상게서, 371쪽.

마. 구조방정식모형(SEM: Structural Equation Model)분석

(1) 구조방정식모형 분석의 정의

구조방정식모형은 측정모형(Measurement Model)과 이론모형(Structural Model)을 통해서 모형 간의 인과관계를 파악하는 방정식을 의미하며 또한 문제의 관점을 전체적이고 체계적으로 개발하기 위한 방법을 말한다. 다른 표현으로 공분산 구조방정식이라고도 부른다. 공분산 구조방정식은 구성개념 간의 이론적인 인과관계와 상관성의 측정 지표를 통한 경험적 인과관계를 분석할 수 있도록 개발된 통계기법이다. 즉 구조방정식모형은 확인 요인분석을 통하여 측정오차가 없는 잠재 요인을 발견하고 회귀분석으로 잠재 요인들을 연결하는 방법을 말한다. 연구자는 구조방정식모형을 통해서 다중변수 관계를 포괄적으로 측정하고 탐색적인 분석에서 확인적인 분석까지 실시할 수 있다. 결론적으로 구조방정식모형은 인과관계 분석을 위해서 요인분석과 회귀분석을 발전적으로 결합한 형태라고 할 수 있다.[37] 본 연구에서는 인터넷 부동산 서비스 품질 구성 요인이 매개 변수인 지각된 유용성과 사용 용이성 그리고 고객만족에 미치는 영향과 매개 변수들이 결과 변수인 재방문 의도에 미치는 영향에 대한 가설검증을 하기 위해 구조방정식모형분석을 실시하였다.

(2) AMOS에 의한 구조방정식모형분석의 절차

〈그림 4-1〉에서 보는 바와 같이 구조방정식모형분석의 제1단계는 연구자가 연구하고자 하는 문제를 파악하는 단계인 문제인식으로부터 출발한다. 그리고 2단계에서는 연구모형과 연구가설을 개발하고 3단계

---

37) 김계수(2004), 「AMOS 구조방정식모형분석」, SPSS 아카데미, 398-399쪽.

에서는 모형과 가설에 근거하여 경로도형을 구축한 다음 데이터를 입력한다. 그리고 5단계에서는 경로모형을 분석하여 모형의 추정치와 적합도를 평가한 후 연구모형의 적합성 여부를 결정한다. 이때 만약 모형의 적합지수가 기준치에 미달되면 모형을 수정한 다음 5단계로 다시 돌아가 모형의 분석을 반복하면서 모형의 적합지수가 기준치에 도달하면 7단계에서 최종모형으로 선택한다.

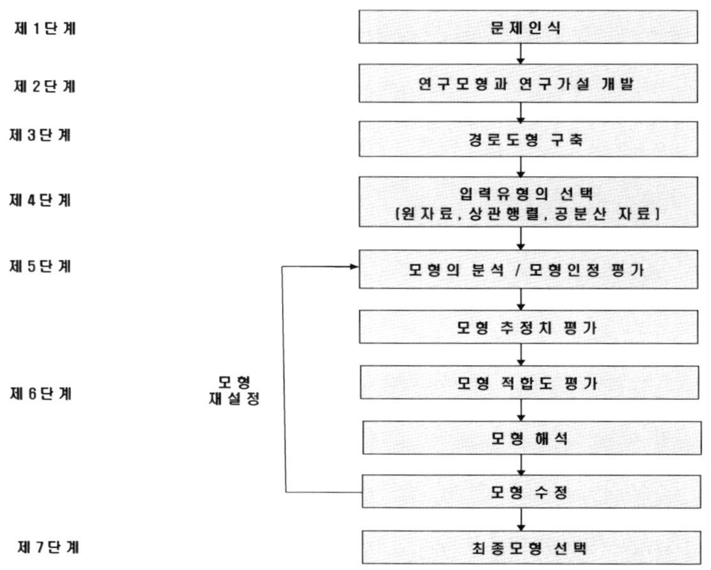

〈그림 4-1〉 구조방정식모형의 연구절차

(3) AMOS에 의한 파라미터의 추정방법: 최우법(ML)

수리통계학자들은 추정량이 바람직한 통계적 속성을 만족시킨다는 이유 때문에 최우법을 선호한다. 이는 최우법이 우도함수(likelihood function)에 데이터가 포함하고 있는 모수(parameter)에 관한 모든 유용한 정보를

반영하기 때문에 바람직한 추정량의 통계적 속성을 향유할 수 있기 때문이다.[38]

　해가 구해진다고 하는 것은 경로계수나 변수의 분산이 얻어진다고 하는 것이다. 공분산구조분석에서는 최대화가 아니라 관측 데이터와 모델과의 차의 최소화를 목표로 하는 기준을 이용하며 최우법(Maximum Likelihood Estimation)이 최소화를 목표로 하는 함수(F)는 다음과 같은 수식으로 표현할 수 있다.

$$F = \log {}_e|C| - \log {}_e|S| + trace(SC^{-1}) - p[\,+M]$$

　위의 식에서 평균을 이용하지 않는 경우에는 식의 마지막에 붙어 있는 [+M]의 항이 생략된다. 이 경우에 관측된 분산공분산행렬 S와 모델로부터 재현된 분산공분산행렬 C가 같으면 식의 전반부는 분명히 0이 되는 것을 알 수 있다. 또한 이 경우에 S=C이므로 후반부의 SC-1는 SS-1나 CC-1이라고 써도 같게 되어 그 결과는 단위행렬이 된다. 그리고 trace는 1xp로 변수의 수 p와 같게 된다. 이렇게 해서 [+M]을 무시하면 후반부도 0이 되어 전체가 0이 되는 것이다. 한편 평균을 이용한 경우에는 위의 식에서 관측평균과 모델평균의 차이를 고려한 항인 [+M]을 더하게 된다. 이 경우에도 [+M]항의 내부에서는 (관측평균-모델평균)을 나타내는 $(\bar{x} - \mu)$라고 하는 요소가 곱해진 형태로 되어 있으므로, 관측 데이터와 모델에 의한 재현 데이터의 평균이 일치하는 경우에는 [+M]이 0이 된다. 이렇게 해서 모델과 데이터가 일치하는 경우에는 역시 전체가 0이 되는 것이다. 최우법의 발상은 얻어진

---

38) 이종원(2001), 「계량경제학」, 박영사, 819쪽.

표본 데이터를 고정화한 것으로 생각한 다음, 그 데이터가 얻어질 확률이 가장 높은 모집단을 상정하여 파라미터를 구한다. 보통 모집단은 유일하며 고정된 존재로 간주한다. 한편 얻어진 관측 데이터는 오차를 갖고 산포되어 있어 그로부터 어떤 실제 모집단을 추측하고자 생각한다. 최우법에서는 변수가 다변량 정규분포에 따른다고 하는 전제가 있다. 그리고 다변량 정규분포의 전제조건으로서는 각 변수가 정규분포에 따라야 한다. AMOS 정규분포 검토에서 정규분포의 경우에는 왜도(skewness)와 첨도(kurtosis) 모두가 0이 된다.[39]

제 2 절 표본의 특성

본 연구의 분석 대상인 표본을 구성하는 응답자들의 주요 특성들은 아래의 〈표 4-1〉과 같다.

〈표 4-1〉 표본의 주요 특성들

주요특성	유 형	빈 도	구성비율(%)
성 별	남 성	684	71.8
	여 성	268	28.2
응답자 연령	30세 미만	111	11.7
	30대	396	41.0
	40대	334	34.5
	50대 이상	124	12.8

---

39) 노형진(2003), 『SPSS/Amos에 의한 사회조사분석』, 형설출판사, 268-271쪽.

주요특성	유 형	빈 도	구성비율(%)
응답자 직업	전문직	172	11.7
	부동산중개업	185	19.4
	회사원	360	37.8
	전업주부	63	6.6
	자영업	72	7.6
	기 타	102	10.7
응답자 학력	고졸 이하	128	13.4
	전문대졸	121	12.7
	대학 재학 또는 졸업	495	52.0
	대학원 재학 또는 졸업	208	21.8
월 소득	200만 원 이하	140	16.4
	201~300만 원	237	27.8
	301~400만 원	137	16.1
	401~500만 원	153	18.0
	500만 원 이상	185	21.7
거주 주택 유형	단독주택	98	10.3
	아파트	727	76.4
	연립 및 빌라	102	10.7
	기 타	25	2.6

응답자의 성별 분포는 남자 71.8% 여자 28.2%로 남성 응답자가 여성 응답자보다 43.6% 많았으며 연령은 3, 40대가 전체 표본의 75.5%를 차지했다. 직업 분포는 전문직과 회사원인 화이트칼라가 전체 응답자의 49.5%를 차지하고 있으며 이들은 부동산 직거래 성향이 상대적으로 높게 나타났다. 또한 부동산 중개업자도 19.4%에 이르렀다. 학력은 대학 재학과 졸업 이상이 전체 표본의 73.8%이었으며 이들은 인터넷 사용 경험이 상대적으로 많았고 인터넷 부동산 서비스 이용 시 1회 접속 시간도 긴 성향을 갖고 있는 것으로 교차분석 결과 나타났다. 거주 주택 유형은 삶이 서구화되어 감에 따라 생활의 편리성과 인프라가 잘 갖추

어져 있는 아파트에 응답자의 76.4%가 살고 있는 것으로 조사되었다.

한편 〈표 4-2〉에서 보는 바와 같이 인터넷 부동산 서비스 이용 시 전체 응답자의 1회 평균 접속 시간은 50분으로 조사되었고 전체 응답자의 약 62%인 588명이 1회에 30분 이하 접속하는 것으로 조사되었다.

<표 4-2> 인터넷 부동산 서비스 이용 시 1회 평균 접속 시간

구 분		빈 도	퍼센트	누적 퍼센트
접속 시간	30분 이하	588	61.8	61.8
	31-60분	232	24.4	86.1
	61-120분	86	9.0	95.2
	120-180분	15	1.6	96.7
	3시간 이상	31	3.3	100.0
	합 계	952	100.0	
	평 균	50분	-	

제 3 절 인터넷 부동산 서비스 이용자들의 특성 분석

1. 부동산 정보 구득 방법

가. 부동산 정보를 얻기 위한 연령별 매체 이용 빈도

부동산 정보를 얻기 위한 연령별 매체 이용 빈도는 인터넷이 전체 응답자의 41.4%로 가장 높았고 다음이 신문으로 29.3% 그리고 TV가

13.9%로 나타나 신문의 영향력이 TV보다 두 배 이상 높은 것으로 조사되었다. 그리고 연령대별로도 각각 비슷한 빈도 분포를 나타냈다〈표 4-3〉. 그러나 카이제곱검정 결과 두 변수 간의 관계가 없다는 귀무가설이 채택되어 통계적으로는 유의적이지 않은 것으로 나타났다〈표 4-4〉.

<표 4-3〉 부동산 정보를 얻기 위한 연령별 매체 이용 빈도

구 분	30세 미만	30대	40대	50대 이상	전 체
인터넷	108 42.7%	381 41.2%	318 41.8%	120 39.6%	927 41.4%
신 문	66 26.1%	269 29.1%	233 30.6%	88 29.0%	656 29.3%
TV	43 17.0%	141 15.3%	84 11.0%	44 14.5%	312 13.9%
라디오	4 1.6%	16 1.7%	7 0.9%	4 1.3%	31 1.4%
전문지	20 7.9%	67 7.3%	71 9.3%	29 9.6%	187 8.3%
생활정보지	12 4.7%	50 5.4%	48 6.3%	18 5.9%	128 5.7%
전 체	253	924	761	303	2241

〈표 4-4〉 카이제곱 검정 결과

구 분	값	자유도	점근 유의확률 (양쪽검정)
Pearson 카이제곱	15.209(a)	15	.436
우도비	15.552	15	.412
선형 대 선형결합	.891	1	.345
유효 케이스 수	2241		

* 2셀(8.3%)은(는) 5보다 낮은 기대 빈도를 가지는 셀입니다. 최소 기대 빈도는 3.50입니다.

나. 인터넷 부동산 서비스 웹사이트 접속방법

인터넷 부동산 서비스 웹사이트 접속방법은 직접 해당 웹사이트로 접속하는 사람들이 전체의 70.0%로 나타났고 포털이나 검색엔진을 통해 접속하는 사람들이 전체의 30.0%로 나타나 인터넷 부동산 서비스산업에서 포털서비스 회사나 검색엔진 회사의 영향력이 감소된 것으로 나타났다〈표 4-5〉. 그리고 직업별로는 해당 인터넷 부동산 서비스 웹사이트로 가장 많이 직접 접속하는 직업이 화이트칼라인 회사원인 것으로 조사되었으며 부동산 중개업자는 포털 또는 검색엔진을 통해 더 많이 접속하는 것으로 나타났다.

〈표 4-5〉 직업별 인터넷 부동산 서비스 웹사이트 접속방법

구 분			직 업						전 체
			전문직	부동산 중개업	회사원	전업 주부	자영업	기 타	
주로 이용하는 방법	해당 웹사이트로 직접 접속	빈 도	111	116	273	46	49	71	666
		이용 방법의 %	16.7%	17.4%	41.0%	6.9%	7.4%	10.7%	100.0%
	포털 또는 검색엔진을 통해 접속	빈 도	59	69	87	17	23	31	286
		이용 방법의 %	20.6%	24.1%	30.4%	5.9%	8.0%	10.8%	100.0%
전 체		빈 도	170	185	360	63	72	102	952
		이용 방법의 %	17.9%	19.4%	37.8%	6.6%	7.6%	10.7%	100.0%

〈표 4-6〉 카이제곱 검정 결과

구 분	값	자유도	점근 유의확률 (양쪽검정)
Pearson 카이제곱	12.716(a)	5	.026
우도비	12.743	5	.026
선형 대 선형결합	1.672	1	.196
유효 케이스 수	952		

* 0셀(.0%)은(는) 5보다 낮은 기대 빈도를 가지는 셀입니다. 최소 기대 빈도는 18.93입니다.

그리고 직업과 접속방법, 두 변수 간의 관계가 없다는 귀무가설은 유의확률(p-value)이 0.026으로 기각되어 두 변수 간의 관계가 통계적으로 유의적인 것으로 나타났다〈표 4-6〉.

다. 가장 신뢰하는 부동산 정보의 원천

가장 신뢰하는 부동산 정보의 원천을 조사한 결과 전체 응답자의 49.1%가 인터넷이라고 응답하여 부동산 정보의 구득에 있어서 인터넷의 높은 영향력을 확인하였으며, 다음으로는 중개업소가 20.8%인 것으로 조사되었다. 그리고 TV방송 3사와 일간신문이라고 응답한 사람은 전체 응답자의 10% 미만인 것으로 조사되었다〈표 4-7〉.

<표 4-7> 가장 신뢰하는 부동산 정보의 원천

구 분		빈 도	퍼센트	유효 퍼센트	누적 퍼센트
종 류	방송3사(TV)	83	8.7	8.7	8.7
	중개업소	198	20.8	20.8	29.5
	일간신문	92	9.7	9.7	39.2
	인터넷	**467**	**49.1**	49.1	88.2
	모델하우스	10	1.1	1.1	89.3
	라디오	2	.2	.2	89.5
	부동산전문TV	41	4.3	4.3	93.8
	생활정보지	14	1.5	1.5	95.3
	입소문	20	2.1	2.1	97.4
	기 타	25	2.6	2.6	100.0
	합 계	952	100.0	100.0	

라. 가장 이용하고 싶은 부가 서비스

인터넷 부동산 서비스 중에서 가장 이용하고 싶은 서비스는 전체 응답자의 60.6%가 전문가 상담으로 응답하였으며 다음으로는 자산관리가 15.9%, 대출 서비스가 8.0%인 것으로 조사되었으며 이사 서비스는 3.8%에 그쳤다. <표 4-8>은 부동산 정보의 전문성과 의사소통의 중요성을 다시 한번 확인시켜 준 조사결과이다.

<표 4-8> 가장 이용하고 싶은 부가 서비스

구 분		빈 도	퍼센트	유효 퍼센트	누적 퍼센트
종 류	이사서비스	36	3.8	3.8	3.8
	보험서비스	6	.6	.6	4.4
	전문가상담	577	60.6	60.6	65.0
	대출서비스	76	8.0	8.0	73.0
	자산관리	151	15.9	15.9	88.9
	등기대행	68	7.1	7.1	96.0
	인테리어	38	4.0	4.0	100.0
합 계		952	100.0	100.0	

2. 인터넷 부동산 직거래 성향

가. 연령별 인터넷 부동산 직거래 성향에 대한 분석

연령별 부동산 직거래 성향을 리커트 7점 척도를 이용하여 조사한 결과 <표 4-9>, <그림 4-2>와 같이 연령대가 낮을수록 부동산 직거래 성향이 강한 것으로 조사결과 나타나서 부동산 직거래 시장에 대한 발전 가능성과 미래 전망을 밝게 해 주었다. 또한 분산분석을 실시한 결과 <표 4-10>과 같이 집단 간의 평균의 차이가 모두 통계적으로 유의한 것으로 나타났고 다중비교 분석결과도 <표 4-11>과 같이 30대와 30세 미만 그리고 40대 비교에서만 5%의 유의 수준에서 평균차가 크지 않은 것으로 나타났다.

〈표 4-9〉 연령별 인터넷 부동산 직거래에 대한 성향 정도

구 분	N	평 균	표준편차	표준오차	평균에 대한 95% 신뢰구간		최솟값	최댓값
					하한가	상한가		
30세 미만	111	4.48	1.77	.17	4.14	4.81	1	7
30대	391	4.05	2.08	.11	3.84	4.25	1	7
40대	329	3.66	2.19	.12	3.42	3.90	1	7
50대 이상	121	2.70	1.93	.18	2.35	3.05	1	7
합 계	952	3.79	2.12	6.88E-02	3.66	3.93	1	7

〈표 4-10〉 분산분석 결과

구 분	제곱합	자유도	평균제곱	F	유의확률
집단-간	226.793	3	75.598	17.669	.000
집단-내	4056.027	948	4.279		
합 계	4282.819	951			

〈표 4-11〉 다중비교 결과

구 분		평균차 (I-J)	표준오차	유의확률	95% 신뢰구간	
(I)연령대	(J)연령대				하한가	상한가
30세 미만	30대	.43	.22	.289	-.19	1.05
	40대	.82(*)	.23	.005	.18	1.45
	50대 이상	1.77(*)	.27	.000	1.01	2.54
30대	30세 미만	-.43	.22	.289	-1.05	.19
	40대	.39	.15	.101	-4.69E-02	.82
	50대 이상	1.34(*)	.22	.000	.74	1.95
40대	30세 미만	-.82(*)	.23	.005	-1.45	-.18
	30대	-.39	.15	.101	-.82	4.69E-02
	50대 이상	.96(*)	.22	.000	.34	1.57
50대 이상	30세 미만	-1.77(*)	.27	.000	-2.54	-1.01
	30대	-1.34(*)	.22	.000	-1.95	-.74
	40대	-.96(*)	.22	.000	-1.57	-.34

* .05 수준에서 평균차가 큽니다.

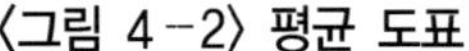

〈그림 4-2〉 평균 도표

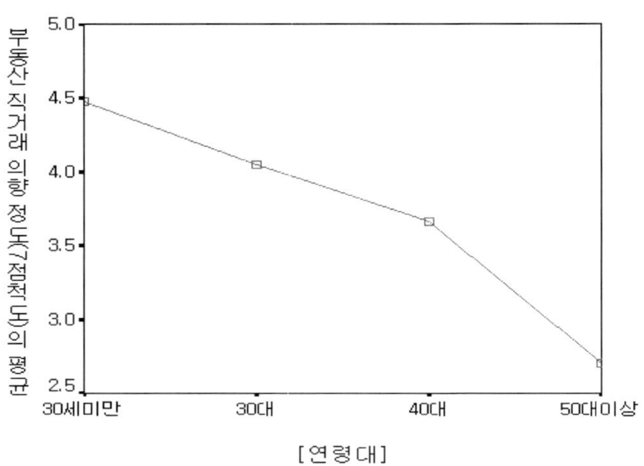

나. 학력별 인터넷 부동산 직거래 성향에 대한 분석

학력별 부동산 직거래 성향을 리커트 7점 척도를 이용하여 조사한 결과 〈표 4-12〉, 〈그림 4-3〉에서 나타난 학력별 인터넷 부동산 직거래에 대한 성향 분석결과를 보면 고학력 집단일수록 부동산 직거래 성향이 높은 것으로 나타났으며, 반대로 저학력 집단은 부동산 직거래 성향이 낮은 것으로 나타났다. 또한 분산분석 결과 연령과 학력, 두 집단 간의 평균 차이가 모두 통계적으로 유의한 것으로 나타났다〈표 4-13〉. 그리고 다중비교 결과 전문대졸 응답자와 고졸 그리고 대학 재학 또는 졸업자와는 5%의 유의 수준에서 평균 차이가 크지 않은 것으로 분석결과 나타났다〈표 4-14〉.

〈표 4-12〉 학력별 인터넷 부동산 직거래에 대한 성향 분석결과

구 분	N	평 균	표준편차	표준오차	평균에 대한 95% 신뢰구간		최솟값	최댓값
					하한가	상한가		
고졸 이하	128	3.20	1.86	.16	2.88	3.53	1	7
전문대졸	121	3.49	2.20	.20	3.09	3.88	1	7
대학 재학 또는 졸업	495	3.80	2.16	9.70E-02	3.61	3.99	1	7
대학원재학 또는 졸업	208	4.31	2.03	.14	4.03	4.58	1	7
합 계	952	3.79	2.12	6.88E-02	3.66	3.93	1	7

〈표 4-13〉 분산분석 결과

구 분	제곱합	자유도	평균제곱	F	유의확률
집단-간	110.964	3	36.988	8.405	.000
집단-내	4171.856	948	4.401		
합 계	4282.819	951			

〈표 4-14〉 다중비교 결과

구 분		평균차 (I-J)	표준오차	유의확률	95% 신뢰구간	
(I) 학력은?	(J) 학력은?				하한가	상한가
고졸 이하	전문대졸	-.28	.27	.767	-1.03	.46
	대학 재학 또는 졸업	-.60(*)	.21	.041	-1.18	-1.63E-02
	대학원재학 또는 졸업	-1.10(*)	.24	.000	-1.76	-.44
전문대졸	고졸 이하	.28	.27	.767	-.46	1.03
	대학 재학 또는 졸업	-.31	.21	.535	-.91	.28

구 분		평균차 (I−J)	표준 오차	유의 확률	95% 신뢰구간	
(I) 학력은?	(J) 학력은?				하한가	상한가
전문대졸	대학원재학 또는 졸업	−.82(*)	.24	.009	−1.49	−.15
대학 재학 또는 졸업	고졸 이하	.60(*)	.21	.041	1.63E−02	1.18
	전문대졸	.31	.21	.535	−.28	.91
	대학원재학 또는 졸업	−.51(*)	.17	.037	−.99	−2.02E−02
대학원 재학 또는 졸업	고졸 이하	1.10(*)	.24	.000	.44	1.76
	전문대졸	.82(*)	.24	.009	.15	1.49
	대학 재학 또는 졸업	.51(*)	.17	.037	2.02E−02	.99

* .05 수준에서 평균차가 큽니다.

〈그림 4-3〉 평균 도표

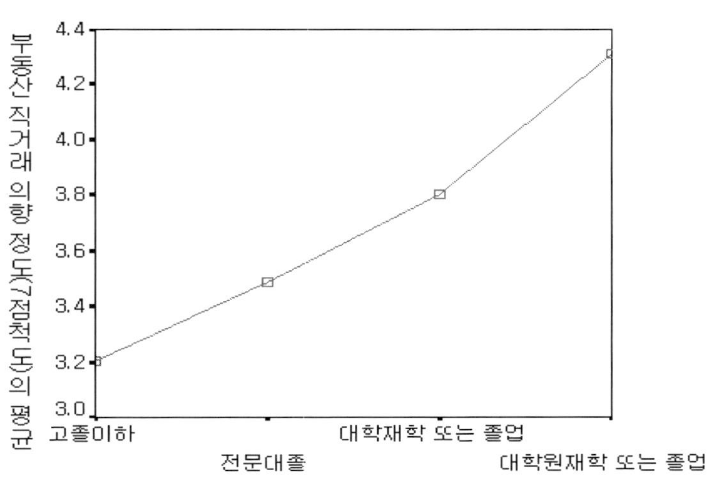

다. 직업별 인터넷 부동산 직거래 성향에 대한 분석

직업별 부동산 직거래 성향을 리커트 7점 척도를 이용하여 조사한 결과 〈표 4-15〉, 〈그림 4-4〉에서 나타난 바와 같이 화이트칼라인 전문직과 회사원의 직거래 성향이 높게 나타났으며 부동산 중개업자는 매우 낮게 나타났다. 중개업자의 낮은 인터넷 부동산 직거래 성향은 인터넷 부동산 직거래가 자신들의 영업 기반 침범에 대한 반감이 작용한 것으로 보인다. 또한 분산분석 결과 집단 간의 평균 차이가 통계적으로 유의한 것으로 나타났으며〈표 4-16〉, 다중비교에서도 부동산 중개업이 다른 직업과 평균 비교를 할 때 5% 유의수준에서 평균 차이가 큰 것으로 나타났다〈표 4-17〉.

〈표 4-15〉 직업별 인터넷 부동산 직거래 성향에 대한 분석결과

구 분	N	평 균	표준 편차	표준 오차	평균에 대한 95% 신뢰구간		최솟값	최댓값
					하한가	상한가		
전문직	170	4.09	2.12	.16	3.77	4.42	1	7
부동산 중개업	185	2.44	1.81	.13	2.18	2.71	1	7
회사원	360	4.22	2.01	.11	4.01	4.43	1	7
전업주부	63	3.62	1.95	.25	3.13	4.11	1	7
자영업	72	3.92	2.33	.27	3.37	4.46	1	7
기 타	102	4.24	2.01	.20	3.84	4.63	1	7
합 계	952	3.79	2.12	6.88E-02	3.66	3.93	1	7

〈표 4-16〉 분산분석 결과

구 분	제곱합	자유도	평균제곱	F	유의확률
집단-간	441.739	5	88.348	21.759	.000
집단-내	3841.080	946	4.060		
합 계	4282.819	951			

〈표 4-17〉 다중비교 결과

구 분		평균차	표준	유의	95% 신뢰구간	
(I) 직업은?	(J) 직업은?	(I-J)	오차	확률	하한가	상한가
전문직	부동산중개업	1.65(*)	.21	.000	.94	2.36
	회사원	-.13	.19	.993	-.75	.50
	전업주부	.48	.30	.768	-.52	1.47
	자영업	.18	.28	.996	-.77	1.12
	기 타	-.14	.25	.997	-.98	.70
부동산 중개업	전문직	-1.65(*)	.21	.000	-2.36	-.94
	회사원	-1.78(*)	.18	.000	-2.39	-1.17
	전업주부	-1.18(*)	.29	.007	-2.16	-.20
	자영업	-1.47(*)	.28	.000	-2.41	-.54
	기 타	-1.79(*)	.25	.000	-2.62	-.96
회사원	전문직	.13	.19	.993	-.50	.75
	부동산중개업	1.78(*)	.18	.000	1.17	2.39
	전업주부	.60	.28	.441	-.31	1.52
	자영업	.31	.26	.926	-.56	1.17
	기 타	-1.31E-02	.23	1.000	-.77	.74
전업주부	전문직	-.48	.30	.768	-1.47	.52
	부동산중개업	1.18(*)	.29	.007	.20	2.16
	회사원	-.60	.28	.441	-1.52	.31
	자영업	-.30	.35	.981	-1.46	.86
	기 타	-.62	.32	.602	-1.69	.46

구 분		평균차	표준	유의	95% 신뢰구간	
(I) 직업은?	(J) 직업은?	(I−J)	오차	확률	하한가	상한가
자영업	전문직	−.18	.28	.996	−1.12	.77
	부동산중개업	1.47(*)	.28	.000	.54	2.41
	회사원	−.31	.26	.926	−1.17	.56
	전업주부	.30	.35	.981	−.86	1.46
	기 타	−.32	.31	.958	−1.35	.72
기 타	전문직	.14	.25	.997	−.70	.98
	부동산중개업	1.79(*)	.25	.000	.96	2.62
	회사원	1.31E−02	.23	1.000	−.74	.77
	전업주부	.62	.32	.602	−.46	1.69
	자영업	.32	.31	.958	−.72	1.35

* .05 수준에서 평균차가 큽니다.

〈그림 4-4〉 평균 도표

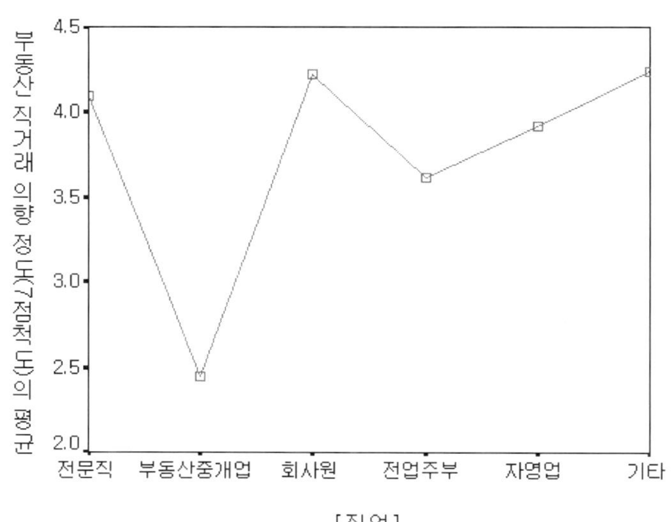

라. 연령별 직거래 활성화의 장애 요인분석

연령대별 인터넷 부동산 직거래 활성화의 가장 큰 장애 요인에 대한 분석결과 거래사고의 가능성이 전체 응답자의 57.6%에 달하고 다음으로는 물건의 신뢰성이 32.0%인 것으로 나타났다〈표 4-18〉. 그리고 물건의 신뢰성은 연령대가 높을수록, 거래사고의 가능성은 연령대가 낮을수록 직거래 활성화의 장애 요인이라고 응답했다.

〈표 4-18〉 연령대별 인터넷 부동산직거래 활성화의 가장 큰 장애물 분석

구 분			연 령				전 체
			30세 미만	30대	40대	50대 이상	
직거래 활성화의 가장 큰 장애물	물건의 신뢰성	빈 도	25	106	120	54	305
		연령의 %	22.5%	27.1%	36.5%	44.6%	32.0%
		전체 %	2.6%	11.1%	12.6%	5.7%	32.0%
	거래사고의 가능성	빈 도	72	238	180	58	548
		연령의 %	64.9%	60.9%	54.7%	47.9%	57.6%
		전체 %	7.6%	25.0%	18.9%	6.1%	57.6%
	계약서 작성	빈 도	3	8	6	1	18
		연령의 %	2.7%	2.0%	1.8%	.8%	1.9%
		전체 %	.3%	.8%	.6%	.1%	1.9%
	큰 거래금액	빈 도	6	22	8	4	40
		연령의 %	5.4%	5.6%	2.4%	3.3%	4.2%
		전체 %	.6%	2.3%	.8%	.4%	4.2%
	부동산 전문지식	빈 도	5	17	15	4	41
		연령의 %	4.5%	4.3%	4.6%	3.3%	4.3%
		전체 %	.5%	1.8%	1.6%	.4%	4.3%
전 체		빈 도	111	391	329	121	952
		연령의 %	100.0%	100.0%	100.0%	100.0%	100.0%
		전체 %	11.7%	41.1%	34.6%	12.7%	100.0%

그리고 두 변수 간의 관계가 없다는 귀무가설은 유의확률(p-value)이 0.016으로서 기각되어 두 변수 간의 관계가 통계적으로 유의적인 것으로 나타났다〈표 4-19〉.

〈표 4-19〉 카이제곱 검정 결과

구 분	값	자유도	점근 유의확률 (양쪽검정)
Pearson 카이제곱	24.761(a)	12	.016
우도비	25.036	12	.015
선형 대 선형결합	11.164	1	.001
유효 케이스 수	952		

* 4셀(20.0%)은(는) 5보다 낮은 기대 빈도를 가지는 셀입니다. 최소 기대 빈도는 2.10입니다.

3. 인터넷 부동산 정보의 평가 성향

가. 인터넷 부동산 서비스 이용 시 연령별 관심 분야

인터넷 부동산 서비스의 연령별 관심 분야를 조사하기 위해 교차분석을 실시하였다. 분석결과 〈표 4-20〉에 의하면 전체 응답자의 37.8%가 부동산 뉴스를 가장 큰 관심 분야라고 답했고 각 연령대별로도 고른 분포를 나타냈다. 그다음 관심 분야는 전체 응답자의 30.4%가 시세정보라고 답했으며 50대 이상이 가장 관심을 갖는 분야로는 매물정보와 부동산 뉴스로 각각 35.5%를 나타냈다. 40대는 부동산 뉴스가 38.9%로 가장 큰 관심 분야로 나타났다. 그리고 연령대가 낮을수록 부동산 시세에 관심이 많고 연령대가 높아질수록 매물정보에 관심을 많이 갖는 경향이 있는 것으로 조사결과 나타났다.

한편, 〈표 4-21〉에서 보는 바와 같이 피어슨(Pearson)의 카이제곱 값은 37.771이고 자유도가 15일 때 p=0.001으로 유의수준 5%에서 유의적이다. 따라서 두 변수, 연령과 가장 큰 관심 분야는 상호 독립적이라는 귀무가설을 기각한다. 즉 '연령'과 '가장 큰 관심 분야'는 상호 관련성이 있다고 본다. 또한 우도비 검정에서도 동일한 결과를 보여주고 있다.

〈표 4-20〉 인터넷 부동산 서비스의 연령별 관심 분야

구 분			연 령				전 체
			30세 미만	30대	40대	50대 이상	
가장 큰 관심 분야는	매물정보	빈 도	20	62	66	43	191
		연령의 %	18.0%	15.9%	20.1%	35.5%	20.1%
	시세정보	빈 도	36	123	100	30	289
		연령의 %	32.4%	31.5%	30.4%	24.8%	30.4%
	분양정보	빈 도	14	38	18	5	75
		연령의 %	12.6%	9.7%	5.5%	4.1%	7.9%
	부동산뉴스	빈 도	35	154	128	43	360
		연령의 %	31.5%	39.4%	**38.9%**	35.5%	**37.8%**
	세금정보	빈 도	2	5	5		12
		연령의 %	1.8%	1.3%	1.5%		1.3%
	자산관리	빈 도	4	9	12		25
		연령의 %	3.6%	2.3%	3.6%		2.6%
전 체		빈 도	111	391	329	121	952
		연령의 %	100.0%	100.0%	100.0%	100.0%	100.0%

<표 4-21> 카이제곱 검정 결과

구 분	값	자유도	점근 유의확률 (양쪽검정)
Pearson 카이제곱	37.771(a)	15	.001
우도비	40.097	15	.000
선형 대 선형결합	4.848	1	.028
유효 케이스 수	952		

* 6셀(25.0%)은(는) 5보다 작은 기대 빈도를 가지는 셀입니다. 최소 기대 빈도는 1.40입니다.

나. 연령별 웹사이트 선택기준

연령대별 웹사이트의 선택기준을 조사한 결과 전체 응답자의 29.7%가 전문성, 28.8%가 컨텐츠(내용) 그리고 22.2%가 브랜드 순으로 응답했으며 그 밖에 다른 웹사이트 선택기준은 연령대별로 비슷한 분포로 조사되었다<표 4-22>. 그 밖의 선택기준으로 정보이용료와 구전(소개)은 전체 응답자의 3% 미만으로 그 영향력이 미미한 것으로 분석결과 나타났다. 한편, 두 변수 간의 관계가 없다는 귀무가설은 유의확률(p-value)은 0.001로서 기각되어 두 변수 간의 관계가 통계적으로 유의적인 것으로 나타났다<표 4-23>.

<표 4-22> 연령대별 웹사이트 선택기준

구 분	30세 미만	30대	40대	50대 이상	전 체
브랜드	45 20.3%	143 18.3%	165 25.1%	69 28.5%	422 22.2%
구전(소개)	13 5.9%	23 2.9%	13 2.0%	4 1.7%	53 2.8%
과거이용 경험	27 12.2%	126 16.1%	98 14.9%	27 11.2%	278 14.6%
컨텐츠 (내용)	73 32.9%	246 31.5%	170 25.8%	59 24.4%	548 28.8%
정보이용료	5 2.3%	12 1.5%	13 2.0%	7 2.9%	37 1.9%
전문성	59 26.6%	232 29.7%	199 30.2%	76 31.4%	566 29.7%
전 체	222 11.7%	782 41.1%	658 34.6%	242 12.7%	1904 100%

<표 4-23> 카이제곱 검정 결과

구 분	값	자유도	점근 유의확률 (양쪽검정)
Pearson 카이제곱	36.760(a)	15	.001
우도비	35.330	15	.002
선형 대 선형결합	1.230	1	.267
유효 케이스 수	1904		

* 2셀 (8.3%)은(는) 5보다 낮은 기대 빈도를 가지는 셀입니다. 최소 기대 빈도는 4.31입니다.

다. 연령별 중개업소 선택기준

연령대별 중개업소의 선택기준을 조사한 결과 전체 응답자의 32.9%

가 전문성, 32.6%가 성실성으로 비슷한 기준으로 조사되었으며 그 외에 다른 선택기준은 연령대별로 비슷한 분포로 조사되었다〈표 4-24〉. 그리고 브랜드와 구전(소개), 중개수수료는 각각 8.2%, 6.2%, 4.8%로 낮게 나타나 중개업소 선택기준에 미치는 영향력이 작은 것으로 조사되었다. 그리고 두 변수 간의 관계가 없다는 귀무가설은 유의확률(p-value)이 0.000으로서 기각되어 두 변수 간의 관계가 통계적으로 유의적인 것으로 나타났다〈표 4-25〉.

〈표 4-24〉 연령별 중개업소 선택기준

구 분	30세 미만	30대	40대	50대 이상	전 체
브랜드	21 9.5%	50 6.4%	66 10.0%	19 7.9%	156 8.2%
구전(소개)	24 10.8%	50 6.4%	35 5.3%	9 3.7%	118 6.2%
과거거래 경험	34 15.3%	114 14.6%	105 16.0%	38 15.7%	291 15.3%
성실성	53 23.9%	261 33.4%	224 34.0%	83 34.3%	621 32.6%
중개수수료	17 7.7%	51 6.5%	18 2.7%	5 2.1%	91 4.8%
전문성	73 32.9%	256 32.7%	210 31.9%	88 36.4%	627 32.9%
전 체	222 11.7%	782 41.1%	658 34.6%	242 12.7%	1904 100%

〈표 4 - 25〉 카이제곱 검정 결과

구 분	값	자유도	점근 유의확률 (양쪽검정)
Pearson 카이제곱	42.974(a)	15	.000
우도비	43.539	15	.000
선형 대 선형결합	.056	1	.814
유효 케이스 수	1904		

* 0셀(.0%)은(는) 5보다 낮은 기대 빈도를 가지는 셀입니다. 최소 기대 빈도
는 10.61입니다.

제 4 절 측정 항목의 신뢰성 및 타당성 분석

신뢰성은 타당성을 보장하는 필요조건이지만 충분조건은 아니므로 신뢰도가 높다고 해서 반드시 타당성이 높다는 것을 의미하지 않는다. 또한 신뢰성은 타당성을 위한 기본적인 전제조건이다.[40] 따라서 본 연구에서는 신뢰성분석을 한 후 타당성 분석을 진행하였다.

1. 신뢰성분석

신뢰성분석은 동일한 개념을 독립된 측정방법으로 측정할 경우 결과가 비슷하게 나와야 한다는 것을 전제로 한다. 신뢰도는 측정도구의 정

---

40) 채서일(1992), 「사회과학조사방법론」, 학현사, 240쪽.

확성이나 정밀성을 나타내는 것으로서 의존 가능성, 일치성, 예측 가능성, 그리고 정확성과 동일한 의미를 갖는다. 그리고 신뢰성분석은 신뢰도를 높이기 위한 내적 일관성을 고려하기 위한 방법으로 크론바알파(Cronbach's α)를 이용한다. 크론바알파(Cronbach's α) 값이 0~1의 값을 가지는데 SPSS 매뉴얼이나 Yi and Bagozzi(1988)도 사회과학에서 0.6 이상이면 측정도구의 신뢰도에 별문제가 없는 것으로 일반화되어 있다. 또한 Nunnally(1967)는 일반적으로 탐색적인 연구 분야에서는 알파 값이 0.60 이상이면 충분하고, 기초 연구 분야에서는 0.80 이상이면 된다고 주장한다. 또한 조직단위의 분석 수준에서도 요구되는 알파 값이 0.60 이상이면 측정 항목의 신뢰도에는 별문제가 없는 것으로 간주되고 있다.

〈표 4-4〉 하단에서 보는 바와 같이 본 연구에서는 신뢰도 분석결과 Cronbach's α 값이 접속 편리성 요인(0.861)을 제외하고는 모두 0.90 이상의 아주 높은 신뢰도 수준을 나타내고 있어 연구 요인으로서 충분하다고 말할 수 있다.

2. 타당성 분석

타당성은 측정하고자 하는 개념이나 속성을 정확히 측정하였는가를 말한다. 즉 특정한 개념이나 속성을 측정하기 위하여 개발된 측정도구가 해당 속성을 정확히 반영하고 있는가와 관련된 문제이다. 본 연구에서는 연구모형에 따른 가설검증을 하기에 앞서 측정도구가 개념적 타당성을 가지고 있는가를 검정하기 위해 요인분석을 실시하였다. 본 연구에서의 요인 추출은 일반적으로 측정된 요인의 선형결합인 주성분

분석(PCA: principal components analysis)을 이용하였으며, 초기에 구한 요인들의 의미를 좀 더 명확히 해석하기 위해서 요인회전은 직각회전인 Varimax 방식을 사용하였다. 각 변수와 요인 간의 상관관계 정도를 나타내는 요인 적재치의 경우는 일반적으로 0.4 이상이면 유효한 변수, 0.5 이상이면 중요한 변수로 간주하지만 본 연구에서는 기준을 엄격히 적용하여 0.6 이상 변수만을 유효한 변수로 판단하여 분석하였으며, 요인회전 후 요인행렬에 의미 있는 값을 가진 문항들의 구성 내용을 고려하여 각 요인의 성격을 규명하였다.

요인분석 결과 인터넷 부동산 서비스 품질의 하위 차원을 나타내는 각 요인들에 대해서는 측정 항목들이 높은 요인 적재치를 보이고, 다른 요인들과는 낮은 요인 적재치를 보임으로써 높은 수렴타당성과 집중타당성이 있는 것으로 나타났다. 이러한 5개 요인으로 추출된 요인별 설명력을 나타내는 분산비율이 디자인은 48.6%, 의사소통은 8.1%, 부동산 정보는 6.8%, 접속 편리성은 4.2%, 시스템은 3.6%로서 전체 분산의 71.2%를 설명하고 있다.

그리고 요인변수(항목) 선정을 위하여 KMO 측도는 변수 쌍들 간의 상호관계가 다른 변수에 의해 잘 설명되는 정도를 나타내는 것으로 이 측도의 값이 적으면 요인분석을 하기 위한 변수들의 선정이 좋지 못함을 나타낸다. KMO의 값이 0.90 이상이면 상당히 좋은 것이며 0.80 이상이면 꽤 좋은 것이며 0.70 이상이면 적당한 것이며 0.60 이상이면 평범한 것이며 0.50 이상이면 바람직하지 못한 것이다. 그리고 0.50 미만이면 받아들일 수 없는 것으로 판정한다. 〈표 4−26〉에서 보듯이 본 연구에서는 KMO의 값이 0.968이므로 상당히 좋은 것으로 나타났다.

<표 4-26> KMO와 Bartlett의 검정

표준형성 적절성의 Kaiser-Meyer-Olkin 측도.		0.968
Bartlett의 구형성 검정	근사 카이제곱	28657.666
	자유도	595
	유의확률	.000

또한 요인분석의 적합성을 나타내는 Bartlett의 구형성 검정치는 상관행렬이 단위행렬이라는 귀무가설을 검증하기 위한 것으로 귀무가설이 기각되지 않으면 요인분석의 모델로 사용할 수 없게 된다. <표 4-26>에서 보듯이 본 연구모형의 경우 35개 변수(항목)에 대한 검정치가 28657.666이고 이 값의 유의수준이 0.000으로 귀무가설을 기각할 수 있어 요인분석에 사용이 적합하며 공통 요인이 존재한다고 볼 수 있다.

추출된 요인과 항목에 대한 분석을 해 보면 다음과 같다.

5개 요인 중 첫 번째는 웹사이트의 '디자인'이다. 이는 오프라인 관점에서 생각하면 서비스의 제공점(Service Encounter) 또는 구매접점(POP: Point-of-Purchase)에 해당되며 서비스 기업의 종업원 근무자세에 비유할 수 있다. 이는 웹사이트가 그 자체의 구조와 이용자의 항해 측면에서 이용자의 편의를 고려하고 있는가를 의미한다. 또한 이 요인은 웹사이트 화면의 미적 측면과 실용적인 측면을 평가하는 항목을 담고 있다.

두 번째 요인은 '의사소통'이라고 이름을 붙일 수 있는데 이는 부동산 정보서비스 이용자 간의 커뮤니케이션 및 커뮤니티 활동을 의미한다. 인터넷 부동산 서비스 기업과 이용자 간의 의사소통, 개인 맞춤 서비스, 이용자들 간의 커뮤니티 활동 및 유지관리를 평가할 수 있는 항목들로 구성되어 있다.

세 번째 요인은 '부동산 정보'라고 명명될 수 있다. 이는 부동산 정보의 양과 질을 내포하는 것으로서 최신성, 전문성, 충분성, 정확성 그리고 부동산 정보의 구색 등을 의미한다. 또한 여기서 구색이라 함은 다양한 부동산 정보의 서비스를 의미한다.

네 번째 요인으로는 '접속 편리성'라 불리는 것으로서 소비자가 부동산 관련 정보서비스를 이용할 때 인지하는 주관적인 느낌으로 개인화 서비스, 접속의 용이성, 개인정보 관리 용이성 등을 항목으로 구성되었다.

다섯 번째 요인으로는 '시스템'이 있다. 이는 오프라인 비즈니스와는 달리 온라인 비즈니스는 모든 거래 행위가 웹상에서 발생하고 소멸되기 때문에 시스템의 안정성과 접속화면 로딩속도 등을 중심으로 항목이 구성되어 있다. 이상 각 요인들에 대한 설명은 〈표 4-27〉에 정리되어 있으며 이와 같은 과정을 거쳐 개발된 인터넷 부동산 서비스 품질 척도(Re-SERVQUAL)의 가장 큰 의의는 사용자의 관점에서 사용자의 경험을 바탕으로 개발되었다는 것이다. 다음으로 본 연구모델의 나머지 구성변수들에 대해서도 요인분석과 신뢰성분석을 실시하였는데 그 결과가 〈표 4-28〉에 나타나 있다. 구성개념들을 대표하는 각 요인들에 있어서 측정 항목들이 높은 요인 적재치를 보이고, 다른 요인들과는 낮은 요인 적재치를 보임으로써 높은 수렴타당성과 집중타당성이 있는 것으로 나타났다. 또한 신뢰도 분석결과 모두 0.90 이상의 아주 높은 신뢰도 수준을 나타내고 있어 연구 요인으로서 충분하다고 말할 수 있다.

〈표 4-27〉 Re-SERVQUAL 문항의 요인분석 및 신뢰성분석결과

구성 요인	설문문항	성 분				
		요인1	요인2	요인3	요인4	요인5
디자인	• 전체적인 분위기나 화면의 조화가 잘 이루어져 있다.	.801	.253	.240	−	−
	• 메뉴바의 형태나 구성을 일관성 있게 제공한다.	.780	.267	.251	.133	.173
	• 초기화면의 디자인이 사이트의 성격을 잘 설명한다.	.772	.240	.226	.150	.163
	• 웹사이트의 각 화면에 게시된 내용들이 읽기 쉬움	.766	.278	.247	.117	.175
	• 웹사이트 화면의 그림과 글씨가 멋있다.	.756	.247	.190	−	−
	• 이용자가 쉽게 이해하고 편리하게 사용할 수 있는 이용자 중심의 디자인이다.	.740	.259	.278	.131	.191
	• 메인과 서브페이지 간에 디자인의 일관성이 있다.	.707	.302	.214	.238	.121
	• 인터넷을 이용하는 데 있어서 전체적인 웹사이트의 구조를 쉽게 파악할 수 있다.	.699	.176	.228	.250	.218
	• 웹사이트의 주소(URL: 도메인)를 기억하기 쉽다.	.642	.118	.195	.282	−
	• 정보 검색이 편하게 구성되어 있다.	.610	.296	.265	.190	.276
의사 소통	• 불만고객에 대한 서비스 회복을 위한 예방조치, 보상 등이 적절히 이루어지고 있다.	.219	.813	.217	.133	.111
	• 고객의 질문과 상담요청에는 신속 정확하게 대응함.	.223	.811	.179	.103	−
	• 서비스관련 질문 및 상담에 대한 처리진행 상황을 언제든지 파악할 수 있다.	.230	.805	.215	−	.114
	• 이용자 개개인 선호에 부응하는 맞춤서비스를 제공해준다.	.203	.804	.198	−	−
	• 이용자의 의견과 불만에 회사가 신속하게 응답해줌	.206	.796	.189	−	.112
	• 커뮤니티의 취지가 잘 정립되어 있고 운영 방식이 민주화되어 있다.	.261	.752	.248	.130	.106
	• 답변에 대한 내용이 이해하기 쉽다.	.275	.735	.225	.158	.166
	• 이용자가 다양한 방법으로 의견을 회사에 제기한다.	.158	.731	.193	.166	.100
	• 커뮤니티는 잘 조직화되어 있고 365일 관리된다.	.260	.700	.237	.131	.117
부동산 정보	• 부동산에 관한 충분한 정보를 제공하고 있다.	.192	.225	.780	.182	.102
	• 정보 전달이 명확하고 설득력이 있어 이해하기 쉽다.	.216	.222	.769	.127	.148
	• 부동산에 관한 정확한 정보를 제공하고 있다.	.201	.209	.754	.178	.149
	• 신뢰성 있는 투자정보를 제공하고 있다.	.205	.233	.729	.144	.120
	• 부동산 정보가 잘 정리되어 있다.	.309	.154	.705	.180	.156
	• 인터넷 부동산 서비스 이용자들에게 유용한 부동산 정보를 제공하고 있다.	.203	.194	.698	.125	.116
	• 다양한 종류의 부동산 관련 컨텐츠를 제공하고 있다.	.205	.226	.687	.136	−
	• 부동산 관련 상담이 전문성을 갖추고 있다.	.279	.170	.687	.300	−
	• 부동산 관련 정보가 빠짐없이 업데이트되고 있다.	.210	.294	.636	.130	.149

구성 요인	설 문 문 항	성 분				
		요인1	요인2	요인3	요인4	요인5
접속 편리성	• 주요 포탈 및 검색엔진에 등록되어 있다.	.255	.101	.241	.793	.159
	• 본인 스스로 개인정보 변경이 가능하다.	.241	.211	.247	.731	–
	• 포탈사이트를 통해서도 접속이 가능하다.	.265	.130	.250	.729	.194
	• 뉴스/이벤트/공지 등을 이메일(E-mail)로 제공한다.	.163	.254	.261	.690	–
시스템	• 초기화면을 전송받는 데 소요되는 시간이 길지 않다.	.304	.203	.246	.177	.814
	• 어떠한 환경에서든지 화면이 빠른 속도로 전송된다.	.300	.250	.250	.139	.796
	• 시스템이 안정적으로 운영되고 있다.	.364	.266	.274	.181	.688
아이겐 값(고윳값)		17.001	2.835	2.371	1.475	1.253
설명된 분산 값(기여율)		48.574	8.100	6.773	4.214	3.579
Cronbach's α		0.9507	0.9509	0.9326	0.8610	0.9115

〈표 4-28〉 성과변수들의 평가 항목에 대한 요인분석 및 신뢰성분석결과

구성 요인	설문 문항	요인 적재치	고윳값	Cronbach's α
지각된 유용성	• 나에게 이 웹사이트는 유용하다. • 이 웹사이트는 내게 많은 혜택을 줄 것이다. • 이 웹사이트는 내게 많은 이득을 줄 것 같다.	0.945 0.936 0.930	2.634	0.9305
지각된 사용 용이성	• 내가 이 웹사이트를 이용하는 것은 쉽다. • 나는 별다른 노력을 들이지 않고 이 웹사이트를 사용할 수 있다. • 나는 이 웹사이트를 쉽게 이용할 수 있다.	0.955 0.942 0.936	2.676	0.9394
고객 만족	• 매우 좋았다. • 행복했다. • 매우 만족스러웠다. • 매우 즐거웠다.	0.939 0.938 0.933 0.924	3.483	0.9504
재방문 의도	• 자주 이용할 것이다. • 매우 가능성이 많다. • 이용이 확실하다.	0.967 0.964 0.964	2.793	0.9629

제 5 절 연구가설 검증결과

1. 연구모형 I – 기술수용모형

본 연구는 인터넷 부동산 서비스 이용자들이 서비스 품질을 어떻게 지각하며 이러한 서비스 품질이 매개 변수인 지각된 사용 용이성, 지각된 유용성에 어떠한 영향을 미치고 또 매개 변수들이 각각 재방문 의도에 어떠한 영향을 미치는지를 알아보기 위한 연구이다. 이는 마케팅 관리자로 하여금 부동산 서비스 품질을 구성하고 있는 요인들 간의 상대적 중요성을 파악할 수 있게 하고, 인터넷상에서 효과적이고 효율적으로 고객에게 접근하는 마케팅 전략을 수립하는 데 매우 유용한 정보를 제공해 줄 수 있다.

이러한 연구의 목적을 달성하기 위해 이론적 배경 위에서 설정된 각각의 가설을 검증함으로써 관련 개념들 간의 어떤 인과관계가 있는지를 조사하는 것이다. 그리고 가설검증의 방법으로는 가설에서 제시한 연구모형을 근거로 AMOS 4.0을 이용한 구조방정식모형(Structural Equation Model)을 구축하여 수행하였다〈그림 4-5〉. 그리고 연구모형의 적합도를 절대지수로 나타내는 것에는 〈표 4-29〉에서 보듯이 카이제곱(x^2), 적합지수(GFI), 평균오차제곱근(RMR)으로 세 가지 방식을 사용하였다.

〈표 4 -29〉 연구모형의 적합도

비교기준		수용기준	추정모형
절대적합지수	$x^2(df)$	-	23.257(15)
	P-value	p>0.05	0.079
	적합지수(GFI)	>=0.9	0.994
	조정된 적합지수(AGFI)	>=0.9	0.986
	평균오차제곱근(RMR)	<=0.05	0.014

〈그림 4 -5〉 구조방정식모형을 이용한 가설검증 결과

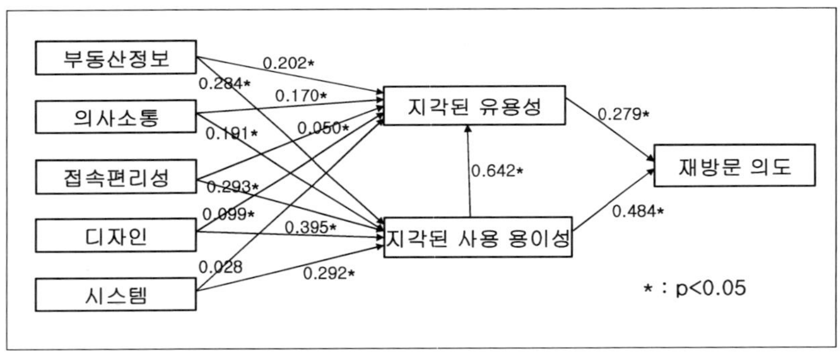

이 중 카이제곱 검정은 모형의 완전성, 즉 모형이 모집단 자료에 완전하게 적합하다는 귀무가설을 검정한다. 통계적으로 유의한 카이제곱은 귀무가설을 기각하여 모형이 불완전하며 또는 부적합하다는 가능성을 시사한다. 또한 모형의 적합도를 살펴보는 적합지수(GFI), 조정된 적합지수(AGFI)는 0.9 이상이고 1에 가까울수록 바람직하며, 평균오차제곱근(RMR)은 0.05 이하이거나 0에 가까울수록 바람직하다. 연구모형의 적합도를 분석한 결과 〈표 4 -28〉를 살펴보면 카이제곱(x^2)은 23.257(자유도(df)=15, p-value=0.079)로 나타나 유의수준 α (0.05)보다 커서 귀무가설을 채택하였고 GFI와 AGFI 모두 0.9 이상으로 나타났으며 RMR도

0.05보다 낮게 나타나 연구모형은 매우 적합하다는 결론을 내릴 수 있다.

〈그림 4-5〉와 〈표 4-30〉에서 개별 경로계수[41]들을 살펴보면 전체 5개 가설 중 다른 경로계수들은 통계적인 유의성을 나타내어 해당 가설이 지지되었으나 서비스 품질 중 시스템이 지각된 유용성에 유의적인 영향을 미치지 않는 것으로 나타나 가설 1-5는 지지되지 않았다.

〈표 4-30〉 가설검증 결과 종합

가 설	경 로	경로계수 (β)	표준 오차	CR[42]	P-Value	채택 여부
1-1	부동산 정보 → 지각된 유용성	0.202	0.019	10.666	0.000	채택
1-2	의사소통 → 지각된 유용성	0.170	0.018	9.323	0.000	채택
1-3	접속 편리성 → 지각된 유용성	0.050	0.019	2.643	0.008	채택
1-4	디자인 → 지각된 유용성	0.099	0.020	4.950	0.000	채택
1-5	시스템 → 지각된 유용성	0.028	0.019	1.490	**0.136**	기각
2-1	부동산 정보 → 지각된 사용 용이성	0.284	0.024	11.933	0.000	채택
2-2	의사소통 → 지각된 사용 용이성	0.191	0.024	8.041	0.000	채택
2-3	접속 편리성 → 지각된 사용 용이성	0.293	0.024	12.308	0.000	채택
2-4	디자인 → 지각된 사용 용이성	0.395	0.024	16.616	0.000	채택
2-5	시스템 → 지각된 사용 용이성	0.292	0.024	12.301	0.000	채택
3	지각된 유용성 → 재방문의도	0.279	0.037	7.489	0.000	채택
4	지각된 사용 용이성 → 재방문의도	0.484	0.037	13.028	0.000	채택
5	지각된 사용 용이성 → 지각된 유용성	0.642	0.024	26.665	0.000	채택

---

41) 경로계수는 회귀계수(β)를 의미하며 표준화되지 않은 것임.
42) CR(Critical Ratio)은 회귀계수의 t 값에 해당되는 것으로 경로계수를 표준오차(S.E)로 나눈 값이다.

가설 검증 결과 소비자가 부동산 정보 품질이 우수하다고 지각할수록 인터넷 부동산 서비스의 유용성이 높은 것으로 나타났다(가설 1-1). 또한 소비자가 부동산 정보 품질이 우수하다고 지각할수록 인터넷 부동산 서비스의 사용 용이성이 높은 것으로 나타났다(가설 2-1).

이 분석결과는 인터넷 부동산 서비스에서 부동산 정보의 중요성을 다시 한번 증명해 주었고 정보가 지각된 유용성보다 지각된 사용 용이성에 더 큰 영향을 미친 것은 부동산 정보 서비스도 정보기술을 이용하기 때문에 소비자들에게 정보기술에 대한 두려움 없이 쉽게 이용할 수 있게 해야 재방문을 유도할 수 있다는 의미로 판단된다.

그리고 소비자가 인터넷 부동산 서비스 품질 중에서 의사소통 품질이 우수하다고 지각할수록 인터넷 부동산 서비스의 유용성이 높은 것으로 나타났으며(가설 1-2), 소비자가 인터넷 부동산 서비스 품질 중에서 의사소통 품질이 우수하다고 지각할수록 인터넷 부동산 서비스의 사용 용이성도 높은 것으로 나타났다(가설 2-2). 이는 인터넷의 중요한 속성 중에 하나인 쌍방향성의 중요성을 다시 한번 확인한 결과로 판단되며 경로계수 값을 비교할 때 의사소통 품질이 유용성과 사용 용이성에 미치는 영향이 비슷한 것으로 확인되었다.

또한 소비자가 접속 편리성 품질이 우수하다고 지각할수록 부동산 인터넷 서비스의 유용성이 높은 것으로 나타났으며(가설 1-3), 소비자가 접속 편리성 품질이 우수하다고 지각할수록 부동산 인터넷 서비스의 사용 용이성도 높은 것으로 나타났다(가설 2-3). 이는 다양한 사람들이 사용하고 시간과 공간의 제약이 없는 인터넷의 속성상 편의성은 소비자들의 중요한 욕구이며 이러한 사실은 Jarvenpaa and Todd(1997)과 Donthu and Garcia(1999)의 연구결과를 통해 파악했고 가설검증 결과도 이를 지지하였다. 그리고 접속 편리성이 지각된 유용성보다 사용 용이성에 더 큰 영향을 미친 것으로 판명되었다.

한편 소비자가 디자인 품질이 우수하다고 지각할수록 인터넷 부동산 서비스의 유용성이 높은 것으로 나타났으며(가설 1-4), 소비자가 디자인 품질이 우수하다고 지각할수록 인터넷 부동산 서비스의 사용 용이성도 높은 것으로 나타났다(가설 2-4). 이러한 결과는 웹사이트의 디자인이 인터넷 부동산 서비스에 있어서 소비자들이 디자인의 전체적인 조화, 가독성, 사용자 중심의 디자인, 디자인 일관성 등 디자인의 중요성을 지각하고 있다는 것을 말하고 있으며 디자인이 지각된 유용성보다 사용 용이성에 더 큰 영향을 미치는 것은 웹사이트의 디자인도 소비자의 관점에서 사용하기 쉽게 해야 한다는 UI(User Interface)의 당위성과 중요성을 확인시켜 주는 결과로 보인다. 그리고 소비자가 시스템 품질이 우수하다고 지각할수록 인터넷 부동산 서비스의 사용 용이성이 높은 것으로 나타났으나(가설 2-5), 소비자가 시스템 품질이 우수하다고 지각할수록 인터넷 부동산 서비스의 유용성에는 통계적으로 유의적인 영향을 미치지 못하는 것으로 나타났다(가설 1-5). 이러한 결과는 최근 정보기술의 발달로 하드웨어와 소프트웨어의 표준화 현상과 시스템의 특성상 인터넷 부동산 서비스 이용자들이 사용하기 쉬운 점은 느끼고 있으나 유용성은 간접적인 영향만을 받을 뿐 직접적으로 지각하지 못해 발생하는 현상으로 판단된다.

또한 실증분석 결과 기술수용모델과 관련된 변수들의 관계는 모두 지지되었다. 인터넷 부동산 서비스의 지각된 유용성이 재방문 의도에 통계적으로 유의적인 영향을 주었고(가설 3), 인터넷 부동산 서비스의 지각된 사용 용이성이 재방문 의도에 유의한 영향을 주었다(가설 4). 또한 인터넷 부동산 서비스의 재방문 의도에 대한 기술수용모델과 관련된 경로계수들을 살펴보면 인터넷 부동산 서비스의 지각된 사용 용이성이 지각된 유용성의 영향보다 더 크다는 것을 알 수 있다. 한편 인 터넷 부동산 서비스에 대한 지각된 사용 용이성이 지각된 유용성에 유 의적인 영향을 주었는데 이는 인터넷 부동산 서비스에 대한 지각된 사 용 용이성이 인터넷 부동산 서비스의 재방문 의도에 직접적인 영향을 줄 뿐만 아니라 인터넷 부동산 서비스의 지각된 유용성에도 영향을 주 어 간접적으로도 인터넷 부동산 서비스의 재방문 의도에 영향을 주는 것으로 나타났다(가설 5). 이러한 실증분석 결과는 인터넷 부동산 서비 스에 대한 지각된 사용 용이성이 인터넷 부동산 서비스에 대한 지각된 유용성에 큰 영향을 미친다는 것을 보여주는 것으로 소비자가 인터넷 부동산 서비스를 이용하기가 쉽다고 지각하는 경우 더욱 유용하다고 지각한다는 것을 보여주고 있다. 이러한 실증분석 결과들은 정보시스템 등을 중심으로 연구한 Davis(1989)와 Davis et al.,(1989)의 기술수용모 델과 관련된 연구들과 동일한 결과로 나타났다.

2. 연구모형Ⅱ - 고객만족모형

본 연구는 인터넷 부동산 서비스 이용자들이 서비스 품질을 어떻게 지 각하며, 이러한 서비스 품질이 매개 변수인 고객만족에 어떠한 영향을 미 치고 또 고객만족이 재방문 의도에 어떠한 영향을 미치는지를 알아보기 위한 연구이다. 이는 회사 내의 마케팅 관리자로 하여금 인터넷 부동산 서비스 품질을 구성하고 있는 요인들 간의 고객만족에 대한 상대적 중요 성을 파악할 수 있게 하고, 인터넷상에서 효과적으로 고객에게 접근하는 마케팅 전략을 수립하는 데 매우 유용한 단서를 제공해 주리라 생각된다.
이러한 연구의 목적을 달성하기 위해 이론적 배경 위에서 설정된 각각의 가설을 검증하고 관련 개념들 간의 어떤 인과관계가 있는지를 조사하고자 한다. 가설검증의 방법으로는 가설에서 제시한 연구모형을 근거로 AMOS 4.0을 이용한 구조방정식모형(Structural Equation Model)을 구축하여 실시하였다〈그림 4-6〉.

연구모형의 적합도를 나타내는 것에는 〈표 4-31〉에서 보듯이 앞의 연구모형 I과 마찬가지로 카이제곱(x^2), 적합지수(GFI), 평균오차제곱근(RMR)의 세 가지 방식이 있다. 연구모형의 적합도를 분석한 결과 〈표 5-33〉를 살펴보면 카이제곱(x^2)은 136.762(자유도(df)=15, p-value=0.000)로 나타났고, GFI, AGFI도 모두 0.9 이상이고 RMR도 0.05로 나타나 연구모형의 적합도는 카이제곱(x^2) 검정에서의 p-value를 제외하고는 모두 양호한 것으로 나타나 연구모형으로서 적합하다는 결론을 내렸다.

〈그림 4-6〉와 〈표 4-32〉에서 개별 경로계수(β)들을 살펴보면 2개의 연구가설이 모두 채택되어 인터넷 부동산 서비스 품질 구성 요인 5개 모두가 고객만족에 유의적인 영향을 주는 것으로 나타났고 고객만족도 재방문 의도에 유의적인 영향을 주는 것으로 밝혀졌다.

〈그림 4-6〉 구조방정식모형을 이용한 가설검증 결과

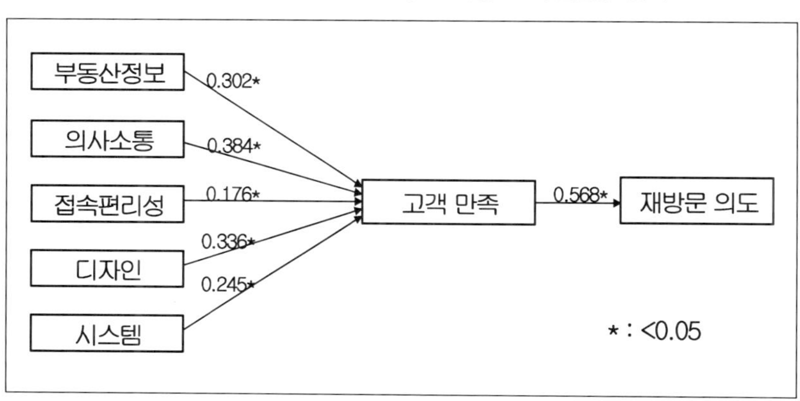

〈표 4-31〉 연구모형의 적합도

비교기준		수용기준	추정모형
절대적합지수	x^2(df)	-	136.762(15)
	P-value	p>0.05	0.000
	적합지수(GFI)	>=0.9	0.963
	조정된 적합지수(AGFI)	>=0.9	0.931
	평균오차제곱근(RMR)	<=0.05	0.050

〈표 4-32〉 가설검증 결과 종합

가 설	경 로	경로계수 (β)	표준오차	CR	P-Value	채택여부
1-1	부동산 정보 → 고객만족	0.302	0.023	12.862	0.000	채택
1-2	의사소통 → 고객만족	0.384	0.023	16.350	0.000	채택
1-3	접속편의성 → 고객만족	0.176	0.023	7.495	0.000	채택
1-4	디자인 → 고객만족	0.336	0.023	14.308	0.000	채택
1-5	시스템 → 고객만족	0.245	0.023	10.432	0.008	채택
2	고객만족 → 재방문의도	0.568	0.027	21.000	0.000	채택

가설검증 결과 '인터넷 부동산 서비스 품질이 고객만족에 긍정적인 영향을 미칠 것이다'라는 가설 1에서 인터넷 부동산 서비스 품질 구성 요인 5개 중 고객만족에 가장 큰 영향을 주는 요인변수로는 β 값이 0.384인 의사소통으로 나타났고 다음으로 β 값이 0.336인 디자인, β 값이 0.302인 부동산 정보 순으로 나타났다. 즉 여러 품질 구성 요인변수 중에서 고객만족에 가장 큰 영향을 주는 변수가 의사소통인 것은 인터넷의 속성 중의 하나인 쌍방향성의 중요성을 강조하는 것으로 인터넷 부동산 서비스의 웹사이트 개발과 운영에 있어서 고객의 질문과 상담요청 그리고 불만고객을 신속하고 정확하게 대응하고 처리해야 한

다는 시사점과 커뮤니티의 중요성을 나타내고 있다고 본다. 다음으로 '디자인' 변수가 설명력이 높은 것은 디자인의 요소인 독창성, 가독성, 글과 이미지의 배치관계, 사용의 편리성, 이용자 중심의 디자인, 디자인의 일관성 및 통일성 그리고 사용된 색상의 조화 등의 중요성을 강조한 것으로 판단된다.

한편 고객만족이 재방문 의도에 긍정적인 영향을 미칠 것이라는 가설 2는 β 값이 0.568로서 통계적으로 유의한 것으로 나타났다. 이러한 연구결과는 Cronin과 Taylor(1992)가 주장한 서비스 품질이 고객만족에 유의적인 영향을 미치고, 또 고객만족은 재구매 의도에 유의적인 영향을 미친다는 연구결과와도 일치한다.

가. 연구모형의 응용: 인터넷 부동산 서비스 회사별 고객만족 품질평가

새롭게 개발된 인터넷 부동산 서비스 품질척도로 각 회사별 만족도 평가를 하기 위해 서비스 품질 구성 요인 5개를 독립변수로 하고 고객만족을 종속변수로 하여 다중회귀분석을 실시하였다. 그리고 서비스 품질이 고객만족에 미치는 영향에 대한 분석을 하기 위한 모형을 수식으로 표현하면 다음과 같다.

$$CS = \alpha + \beta_1 RI + \beta_2 CO + \beta_3 AC + \beta_4 DE + \beta_5 SY + \varepsilon i$$

여기서 α=상수, CS=고객만족, RI=부동산 정보, CO=의사소통, AC=접속 편리성, DE=디자인, SY=시스템을 나타내고 β_i는 경로계수로서 통계적으로 추정될 모수를 말하며 ε_i는 오차항을 나타낸다. 그리고 〈표 4-33〉에서 보듯이 품질평가 대상 회사 선정은 인터넷 설문조사에서 선정한 10개 회사 중에서 표본 수가 70개 이상인 회사로 정한 후 4개 회사를 선정하여 분석을 실시하였다. 한편 변수들 간의 다중공선성 문제는 요인분석의 회전방법을 직각회전인 Varimax 방식을 사용하였기 때문에 모든 변수들이 무상관관계가 되어 완전하게 해결되었다.

〈표 4-33〉 인터넷 부동산 서비스 회사별 품질평가 응답자 수

구 분		표본 수	퍼센트	선정여부
회 사	부동산뱅크	246	25.8	선 정
	부동산써브	24	2.5	
	부동산114	341	35.8	선 정
	스피드뱅크	136	14.3	선 정
	유니에셋	15	1.6	
	국민은행	60	6.3	
	닥터아파트	73	7.7	선 정
	부동산투유	9	.9	
	텐	4	.4	
	조인스랜드	44	4.6	
합 계		952	100.0	

(1) 부동산뱅크

〈표 4-34〉에서 보듯이 분석결과 부동산뱅크의 웹사이트 서비스 품질 요인변수 중에서 고객만족에 가장 큰 영향을 주는 변수는 β 값이 0.382인 의사소통으로 나타났고 다음으로는 디자인, 부동산 정보 순으로 나타났다. 고객만족에 가장 설명력이 큰 변수가 의사소통인 것은 부

동산뱅크가 전문가 상담이나 성공리에 진행하고 있는 야후의 부동산 커뮤니티 사이트 서비스에 영향을 받은 것으로 판단된다. 그리고 모형의 설명력을 나타내는 R^2 값은 47.8%인 것으로 나타났다. 한편 분산분석을 실시한 결과 〈표 4-35〉와 같이 집단 간의 평균의 차이가 모두 통계적으로 유의한 것으로 나타났다.

〈표 4-34〉 다중회귀분석 결과

구 분		비표준화 계수		표준화 계수	t 값	유의 확률	공선성 통계량	
모 형		B 값	표준 오차	베 타			공차 한계	VIF
품질 구성 요인	(상수)	−1.001E−02	.029		−.350	.727		
	디자인	.337	.029	.341	11.782	.000	.997	1.003
	의사소통	.382	.027	.409	14.148	.000	.997	1.003
	부동산 정보	.311	.029	.310	10.729	.000	.999	1.001
	접속 편리성	.147	.029	.146	5.050	.000	.997	1.003
	시스템	.251	.030	.240	8.286	.000	.994	1.006

〈표 4-35〉 분산분석 결과

구 분	제곱합	자유도	평균제곱	F	유의확률
선형회귀분석	295.525	5	59.105	114.473	.000
잔 차	323.219	626	.516		
합 계	618.744	631			

(2) 부동산114

〈표 4-36〉과 같이 다중회귀분석 결과 부동산114의 웹사이트 서비스 품질 요인변수 중에서 고객만족에 가장 큰 영향을 주는 변수는 β 값

이 0.422인 디자인으로 나타났고 다음으로는 의사소통, 시스템 순으로 나타났다. 이는 부동산114가 시장의 선두 회사답게 웹디자인 요소인, 독창성, 가독성, 글과 이미지의 배치관계, 사용의 편리성, 이용자 중심의 디자인, 디자인의 일관성 및 통일성, 그리고 사용된 색상의 조화 등이 강조된 웹사이트를 운영하고 있기 때문인 것으로 판단된다. 그리고 모형의 설명력을 나타내는 R^2 값은 50.1%인 것으로 나타났으며 분산분석을 실시한 결과 〈표 4-37〉과 같이 집단 간의 평균의 차이가 모두 통계적으로 유의한 것으로 나타났다.

〈표 4-36〉 다중회귀분석 결과

구 분	비표준화 계수		표준화 계수	t 값	유의 확률	공선성 통계량	
모 형	B 값	표준 오차	베 타			공차 한계	VIF
(상수)	4.950E-02	.040		1.224	.222		
품질 구성 요인 디자인	.422	.041	.408	10.401	.000	.968	1.032
의사소통	.387	.043	.356	9.109	.000	.974	1.026
부동산 정보	.298	.042	.278	7.138	.000	.981	1.019
접속 편리성	.183	.038	.185	4.786	.000	.992	1.008
시스템	.317	.035	.359	9.159	.000	.971	1.030

〈표 4-37〉 분산분석 결과

모 형	제곱합	자유도	평균제곱	F	유의확률
선형회귀분석	174.238	5	34.848	67.305	.000
잔 차	173.448	335	.518		
합 계	347.686	340			

(3) 스피드뱅크

다중회귀분석 결과 〈표 4-38〉에서 보듯이 스피드뱅크의 웹사이트 서비스 품질 요인변수 중에서 고객만족에 가장 큰 영향을 주는 변수는 β 값이 0.443인 의사소통으로 나타났고 다음으로는 접속 편리성, 디자인 순서로 나타났다. 고객만족에 가장 설명력이 큰 변수가 의사소통인 것은 부동산114와 함께 가장 많은 중개업소의 온라인 가맹점 네트워크를 가지고 있기 때문인 것으로 판단된다. 그리고 모형의 설명력을 나타내는 R^2 값은 52.8%인 것으로 나타났으며 분산분석을 실시한 결과 〈표 4-39〉와 같이 집단 간의 평균의 차이가 모두 통계적으로 유의한 것으로 나타났다.

〈표 4-38〉 다중회귀분석 결과

구 분	비표준화 계수		표준화 계수	t 값	유의 확률	공선성 통계량	
모 형	B 값	표준 오차	베 타			공차 한계	VIF
(상수)	2.414E-02	.056		.430	.668		
품질 구성 요인 — 디자인	.299	.058	.318	5.146	.000	.953	1.050
의사소통	.443	.065	.414	6.863	.000	.996	1.004
부동산 정보	.283	.057	.303	4.947	.000	.971	1.030
접속 편리성	.319	.061	.320	5.237	.000	.974	1.027
시스템	.148	.068	.134	2.161	.033	.943	1.060

〈표 4-39〉 분산분석 결과

모 형	제곱합	자유도	평균제곱	F	유의확률
선형회귀분석	61.575	5	12.315	29.105	.000
잔 차	55.006	130	.423		
합 계	116.582	135			

(4) 닥터아파트

〈표 4-40〉과 같이 다중회귀분석 결과 닥터아파트의 웹사이트 서비스 품질 요인변수 중에서 고객만족에 가장 큰 영향을 주는 변수는 β 값이 0.475인 의사소통으로 나타났고 다음으로는 디자인, 부동산 정보 순으로 나타났다. 이는 닥터아파트가 부동산 동호회나 아파트 단지별 커뮤니티를 오랫동안 성공적으로 운영하고 관리해 오고 있기 때문인 것으로 본다. 그리고 모형의 설명력을 나타내는 R^2 값은 54.6%인 것으로 나타났으며 분산분석을 실시한 결과 〈표 4-41〉과 같이 집단 간의 평균의 차이가 모두 통계적으로 유의한 것으로 나타났다.

〈표 4-40〉 다중회귀분석 결과

구 분	비표준화 계수		표준화 계수	t 값	유의 확률	공선성 통계량	
모 형	B 값	표준 오차	베 타			공차 한계	VIF
(상수)	-.242	.082		-2.949	.004		
품질 구성 요인 디자인	.432	.090	.403	4.824	.000	.972	1.029
의사소통	.475	.099	.414	4.815	.000	.918	1.089
부동산 정보	.352	.072	.413	4.896	.000	.950	1.052
접속 편리성	.146	.081	.156	1.809	.075	.907	1.102
시스템	.167	.095	.148	1.749	.085	.944	1.059

〈표 4-41〉 분산분석 결과

모 형	제곱합	자유도	평균제곱	F	유의확률
선형회귀분석	32.987	5	6.597	16.122	.000
잔 차	27.417	67	.409		
합 계	60.404	72			

(5) 회사별 서비스 품질평가결과의 시사점

〈표 4-42〉의 회사별 분석결과 요약에서 보듯이 앞의 고객만족 모형 가설검증 결과와 마찬가지로 부동산114를 제외한 나머지 회사들은 의사소통이 고객만족에 가장 큰 영향을 주는 서비스 품질 요인인 것으로 나타났다.

〈표 4-42〉 회사별 분석결과 요약

구 분	표본 수	회사별 특성	시사점
부동산뱅크	246	1. 의사소통 2. 디자인	- 접속 편리성 품질의 개선 필요
부동산114	341	1. 디자인 2. 의사소통	- 접속 편리성 품질의 개선 필요
스피드뱅크	136	1. 의사소통 2. 접속 편리성	- 웹사이트의 디자인 및 시스템 품질 개선 필요
닥터아파트	73	1. 의사소통 2. 디자인	- 접속 편리성 품질 및 시스템 품질 개선 필요

한편 인터넷 부동산 서비스의 품질 구성 요인 중에서 부동산 정보는 고객만족에 미치는 영향이 회사별로 별 차이가 없는 것으로 나타났다. 이는 각 회사들이 웹사이트를 통해 제공하고 있는 부동산 정보의 내용이 대동소이하기 때문에 차별성이 없다고 소비자들이 느끼기 때문인 것으로 판단된다. 따라서 각 회사들은 부동산 시장에서 자신들만의 전문 영역에 대한 포지션 구축을 위해 시장 세분화를 통한 부동산 정보의 차별화를 시도해야 한다는 전략적 시사점을 분석결과는 제공하고 있다. 그리고 이러한 주장은 소비자가 생각하는 제일 중요한 웹사이트의 선택기준이 컨텐츠(내용)의 전문성이라는 인터넷 부동산 정보의 평가 성향 분석결과와도 일치한다.

제 6 절 분석결과에 대한 논의

연구 결과의 실무적 시사점은 인터넷 부동산 서비스산업에 대한 올바른 이해와 인식의 바탕 위에서 도출되고 정리되어야 한다. 본 연구의 결과가 인터넷 부동산 서비스산업에 실제 영향을 줄 수 있는 실무적 시사점을 정리하면 다음과 같다.

첫째, 인구 통계학적인 변수에 의한 교차분석과 집단별 평균분석을 실시한 결과 연령대별 인식의 차이점을 발견하였고 부동산 정보를 얻기 위한 매체 이용 빈도 조사와 가장 신뢰하는 부동산 정보의 원천 조사에서는 공히 인터넷의 강한 영향력 정도를 확인할 수 있었다.

둘째, 인터넷 부동산 서비스 이용 현황에서는 웹사이트의 접속방법이 포털이나 검색엔진을 통해 접속(30%)하는 것보다 직접 해당 웹사이트로 접속(70%)하는 사람이 두 배나 더 많은 것으로 나타났다. 이는 인터넷 부동산 서비스 회사들의 대형 포탈과 검색엔진의 의존도가 낮아지고 독자적인 브랜드화가 이미 많은 부분 진행되었음을 의미한다.

셋째, 인터넷 부동산 직거래에 대한 성향 조사에서는 연령대가 낮을수록, 고학력자일수록 직거래에 대한 성향이 높은 것으로 밝혀져 부동산 직거래에 대한 전망을 밝게 하였다. 그리고 직업별 분석에서 화이트 칼라인 전문직과 회사원은 직거래 성향이 높게 나타났으나 중개업자의 경우는 자신들의 영역 침범에 대한 반감으로 매우 낮게 나타났다.

넷째, 35개의 설문 항목으로 구성된 Re-SERVQUAL을 이용하여 현존하는 인터넷 부동산 서비스 업체의 서비스 질을 객관적으로 다양한 각도에서 측정할 수 있는 계기를 마련하였다. 그동안 시장에서 방문자 수와 페이지 뷰에만 의존하여 웹사이트의 순위를 결정하던 방식에서 벗어나 실제 시장에서 소비자들이 느끼고 있는 인터넷 부동산 정보 서비스 업체의 서비스의 품질과 그 중요도를 파악할 수 있었다. 그리고 각각의 인터넷 부동산 서비스 업체가 포탈사이트 울타리에서 벗어났을 때의 독자적인 생존 가능성과 전략 수립을 위한 사실관계를 제공해 줄 수 있다고 판단된다.

다섯째, 인터넷 부동산 서비스 품질을 구성하는 5가지 요인 중에서 정보 품질이 지각된 유용성과 지각된 사용 용이성에 각각 통계적으로 유의한 것은 부동산의 속성인 위치의 고정성, 이질성으로 인한 정보의 비대칭성이 부동산 시장을 불완전 시장으로 만드는 주요한 원인이 되고 있기 때문에 부동산 정보에 대한 소비자들의 강한 욕구에서 기인한 결과로 보이며 정보 품질이 지각된 유용성보다 지각된 사용 용이성에 더욱 유의적인 것은 인터넷 부동산 서비스도 인터넷이라는 정보기술을 이용하고 있기 때문에 기술수용 모델의 결과에서와 마찬가지로 우선 사용하기가 편리하고 쉽게 제공해야 한다는 시사점을 제공하고 있다고 판단된다.

여섯째, 가설검증 결과 의사소통이 지각된 유용성과 지각된 사용 용이성에 각각 통계적으로 유의하게 나타난 것은 인터넷 부동산 서비스에서 중요한 인터넷의 속성 중의 하나인 의사소통 품질이 높을수록 웹사이트의 유용성과 사용 용이성이 높을 것이라고 인식한다는 것을 의미한다. 현재 인터넷 부동산 서비스 업체인 부동산뱅크나 닥터아파트의 경우 의사소통 품질의 중요성을 깨닫고 자체적으로 동호회나 카페 등 커뮤니티(의사소통)의 활성화를 통해 인터넷 부동산 서비스 시장에서 나름대로의 지위를 유지하며 업계의 리더가 되기 위한 초석을 다지고 있다.

일곱째, 접속 편리성 품질이 지각된 유용성과 지각된 사용 용이성에 각각 통계적으로 유의하게 나타난 것은 인터넷 부동산 정보 서비스의 접속이 편리할수록 웹사이트의 유용성과 사용 용이성이 높게 나타나는 것을 의미한다. 또한 접속 편리성이 지각된 유용성보다 사용 용이성에 더 큰 영향을 미치는 이유는 시간과 공간의 제약을 받지 않는 인터넷의 특성과 편리함을 추구하는 인터넷 사용자들의 속성에 기인한 것으로 판단된다. 이는 부동산 관련 웹사이트의 개발과 운영을 할 때 사용자 관점에서의 기획과 서비스가 접속 편리성 중심으로 이루어져야 한다는 점을 시사하고 있다.

여덟째, 디자인 품질이 우수하다고 지각할수록 인터넷 부동산 서비스의 유용성과 사용 용이성이 높은 것으로 나타난 것은 웹사이트의 디자인이 인터넷 부동산 서비스에 있어서 소비자들이 전체적인 조화, 가독성, 사용자 중심의 디자인, 디자인 일관성 및 통일성 등 디자인의 중요성을 지각하고 있다는 것을 말하고 있으며 디자인이 지각된 유용성보다 사용 용이성에 더 큰 영향을 미치는 것은 웹사이트의 디자인도 소비자의 관점에서 사용하기 쉽게 해야 한다는 UI(User Interface)의 당위성과 중요성을 확인시켜 주는 결과로 보인다.

아홉째, 시스템 품질이 우수하다고 지각할수록 인터넷 부동산 서비스의 사용 용이성이 높은 것으로 나타났으나 유용성에는 통계적으로 유의적인 영향을 미치지 못하는 것으로 나타났다. 이러한 결과는 최근 정보기술의 발달로 하드웨어와 소프트웨어의 표준화, 일반화 현상과 시스템의 특성상 인터넷 부동산 서비스 이용자들이 사용하기 쉬운 점은 느끼고 있으나 유용성은 직접적으로 지각하지 못하고 간접적인 영향을 받기 때문에 느끼지 못해 발생하는 현상으로 판단된다. 이는 인터넷 부동산 서비스 관련 새로운 시스템 개발도 사용자의 관점에서 이해하기 쉽고, 사용하기 쉽게 실행되어야 시장에서 성공할 수 있다는 시사점을 말해준다.

열째, 기술수용모델과 관련된 실증분석 결과 기술수용모델과 관련된 변수들의 관계는 모두 지지되었다. 인터넷 부동산 서비스의 지각된 유용성과 사용 용이성이 재방문 의도에 통계적으로 유의적인 영향을 주었다. 그리고 지각된 사용 용이성이 지각된 유용성에 유의적인 영향을 주었는데 이는 인터넷 부동산 서비스에 대한 지각된 사용 용이성이 인터넷 부동산 서비스의 재방문 의도에 직접적인 영향을 줄 뿐만 아니라 인터넷 부동산 서비스의 지각된 유용성에도 영향을 주어 간접적으로도 인터넷 부동산 서비스의 재방문 의도에 영향을 주는 것으로 나타났다. 또한 재방문 의도에 대한 기술수용모델과 관련된 경로계수들을 살펴보면 인터넷 부동산 서비스의 지각된 사용 용이성이 지각된 유용성의 영향보다 더 크다는 것을 알 수 있다. 이는 인터넷 부동산 서비스를 위해 웹사이트의 개발이나 운영 시 서비스 품질의 구성 요인들이 소비자들에게 유용해야 하고 정보통신기술을 이용하는 점을 감안하여 소비자들이 사용하기 쉽게 느끼도록 해야 한다는 당위성을 시사하고 있다.

마지막으로 인터넷 부동산 서비스 품질을 구성하는 5가지 요인이 고객만족에 미치는 영향을 검증한 결과 의사소통이 고객만족에 가장 큰 영향을 주는 것으로 밝혀졌고 다음으로는 디자인, 부동산 정보, 시스템, 접속 편리성 순으로 고객만족에 영향을 주는 것으로 나타났다. 그리고 5가지 품질 구성 요인 모두 통계적으로 유의한 것으로 연구결과 나타났다. 특히 의사소통이 고객만족에 가장 큰 영향을 주는 것으로 나타난 것은 인터넷상에서는 커뮤니케이션 방향이 기존의 전통적인 상거래 방식인 단방향성(One-way)과는 달리 쌍방향성(Two-way)이고 시장 주도 세력이 소비자 개인이기 때문에 소비자와의 신속하고 정확한 의사소통이 고객만족에 가장 큰 영향을 주는 것으로 판단된다. 따라서 부동산 정보업체의 입장에서는 인터넷 부동산 서비스를 소비자에게 제공할 때 의사소통 품질에 가장 중점을 두고 웹사이트를 개발하거나 운영하여야 한다.

결론 및 시사점

지금까지 4장 실증분석에서 요인분석을 통해서 추출된 인터넷 부동산 서비스 품질의 구성 요인이 지각된 유용성, 지각된 사용 용이성, 고객만족 그리고 재방문 의도에 미치는 영향에 대해서 살펴보았고 교차분석을 통하여 인구통계학적인 변수에 의한 인터넷 부동산 서비스 이용자들의 성향을 비교 분석하였다. 여기서 본 연구에 대한 결과의 요약 및 시사점 그리고 연구의 한계 및 향후 연구 방향 등을 제시하고자 한다.

제 1 절 연구결과의 요약 및 시사점

본 연구의 첫 번째 목적은 인터넷 부동산 서비스 품질에 영향을 미치는 주요한 품질 구성 요인들을 찾아내는 것이었다. 이러한 목적을 달성하기 위하여 최근 꾸준히 성장하고 있는 우리나라의 인터넷 부동산 서비스를 대상으로 사용자의 관점에서의 인터넷 부동산 서비스 품질척도를 개발하였다. 두 번째 목적으로 이 품질척도를 구성하고 있는 요인들이 매개 변수인 지각된 사용 용이성(perceived ease of use)과 지각된 유용성(perceived usefulness) 그리고 고객만족(customer satisfaction)에 각각 어느 정도 영향을 미치는가를 분석하였고 또한 매개 변수들이 결과 변수인 재방문 의도에 어떤 영향을 미치는지를 살펴보았다. 이는 앞으로 인터넷 부동산 서비스 사업을 영위함에 있어서 마케팅 전략 수립의 근거 자료로 사용하기 위해서이고 이를 위해 먼저 인터넷 부동산 서비스에 대한 개념을 관련 산업과 구성 요인들을 중심으로 정립하였다.

본 연구의 분석결과와 시사점을 요약하면 다음과 같다.

첫째, 요인분석을 통해 전체 35개의 항목으로 이루어진 인터넷 부동산 서비스의 품질척도(Re-SERVQUAL)를 개발하였고 서비스 품질을 결정하는 구성 요인 5가지를 추출해 냈다. 각 품질 구성 요인으로는 부동산 정보, 의사소통, 디자인, 접속 편리성, 시스템이라는 5가지 새로운 잠재변수가 생성되었다. 선행연구에 나타난 바에 의하면 e-SERVQUAL의 차원은 해당 산업의 특수성을 감안한 구체성을 확보하지 않은 채 보편적으로 이용되었다. 이는 많은 연구자들이 인정한 것처럼 서비스 품질평가가 적용되는 산업에 따라 달라야 한다고 주장한 점을 고려한다면 산업의 환경의 특성을 고려하여 소비자 관점에서 새롭게 개발한 인터넷 부동산 서비스의 품질척도는 타당성과 그 가치를 인정받을 수 있다고 판단된다.

둘째, 새로 생성된 변수인 5가지의 인터넷 부동산 서비스 품질 구성 요인이 지각된 사용 용이성에 미치는 영향을 분석한 결과 디자인, 접속 편리성, 시스템, 부동산 정보, 의사소통 순으로 모두 통계적으로 유의미한 영향을 주는 것으로 나타났다. 디자인이 지각된 사용 용이성에 가장 큰 영향을 미치는 이유는 인터넷 부동산 서비스에 있어서 소비자들이 전체적인 조화, 가독성, 사용자 중심의 디자인, 디자인 일관성 및 통일성 등 디자인의 중요성을 가장 크게 지각하고 있다는 것을 말하고 있으며 디자인이 지각된 유용성보다 사용 용이성에 더 큰 영향을 미치는 것은 웹사이트의 디자인도 소비자의 관점에서 사용하기 쉽게 해야 한다는 UI(User Interface)의 당위성과 중요성을 확인시켜 주는 결과로 보인다. 그리고 시스템, 접속 편리성, 부동산 정보 품질은 각각 지각된 사용 용이성에 비슷한 수준으로 영향을 미치고 있는 것으로 나타났다.

셋째, 5가지의 품질 구성 요인이 지각된 유용성에 미치는 영향을 분석한 결과 부동산 정보, 의사소통, 디자인, 접속 편리성 순서로 모두 통계적으로 유의미한 영향을 주는 것으로 나타났으나 시스템은 5%의 유의수준에서 유의적이지 않은 것으로 나타났다. 여기서 5가지 품질구성 요인 중 부동산 정보와 의사소통 품질이 지각된 유용성에 더 큰 영향을 미친 것은 인터넷 부동산 서비스에서 부동산 정보(컨텐츠)와 인터넷의 속성 중의 하나인 의사소통(쌍방향성)을 사용자들이 가장 유용하게 생각하고 있다는 것을 증명하고 있다고 판단된다. 이는 인터넷 부동산 서비스 업체가 적절한 시점에 충분하고 정확한 부동산의 정보를 생산한 후 가장 효과적인 방법으로 소비자들에게 전달해야 한다는 전략적 의미로 판단할 수 있다. 그리고 또한 인터넷 부동산 서비스 품질의 구성 요인 중에서 부동산 정보가 지각된 유용성보다 지각된 사용 용이성에 더 큰 영향을 미치는 것으로 나타난 것은 부동산 정보를 소비자에게 제공함에 있어서 인터넷 부동산 서비스도 정보기술을 이용하기 때문에 우선적으로 인터넷 사용자들이 쉽게 이용할 수 있도록 부동산 관련 정보를 제공해야 한다는 중요한 인터넷 마케팅 시사점을 제공하고 있다.

넷째, 선행연구 결과에서 모형의 타당성이 입증된 바와 같이 기술수용 모형에서 매개 변수인 지각된 사용 용이성이 지각된 유용성에 큰 영향을 미치는 것으로 나타났으며 또한 재방문 의도에 미치는 직접적인 영향력도 지각된 사용 용이성이 지각된 유용성보다 더 큰 것으로 분석결과 나타났다. 이는 인터넷 부동산 서비스가 정보통신기술을 이용한 서비스산업이기 때문에 유용성보다는 먼저 사용자 관점에서 인터넷 부동산 서비스를 쉽고 편리하게 제공해야 한다는 사용 용이성에 대한 상대적 중요성을 의미한다.

다섯째, 고객만족에 미치는 영향을 검증한 결과 5가지 품질 구성 요인 중에서 의사소통 품질이 고객만족에 가장 큰 영향을 주는 것으로 나타났다. 이는 인터넷상에서 커뮤니케이션 방향이 기존의 전통적인 상거래 방식인 단방향성(One-way)과는 달리 쌍방향성(Two-way)이고 시장 주도세력이 이용자 개인이기 때문에 신속하고 정확한 의사소통이 인터넷 부동산 서비스 이용자들에게 가장 중요하게 느껴지기 때문인 것으로 판단된다. 따라서 부동산 정보제공업체는 인터넷 부동산 서비스를 소비자에게 제공할 때 의사소통 품질에 가장 중점을 두고 웹사이트를 개발하거나 운영하여야 한다.

여섯째, 실제 인터넷 부동산 서비스 이용자들을 대상으로 인터넷 설문조사를 실시하여 모집단에 대한 대표성을 높였으며 설문조사를 위한 시간과 비용을 절약하여 인터넷 설문조사의 효용성과 효율성을 확인하였다. 또한 인구 통계학적인 변수에 의한 다양한 분석을 실시한 결과 연령대별 인터넷 부동산 서비스에 대한 인식의 차이점을 발견하였고 부동산 정보를 얻기 위한 매체 이용 빈도 조사와 가장 신뢰하는 부동산 정보의 원천 조사에서는 공히 인터넷의 강한 영향력 정도를 확인할 수 있었다.

마지막으로 이와 같은 연구결과들은 우리나라 인터넷 부동산 서비스 산업에 중요한 시사점을 제시해 줄 수 있다고 본다. 또한 인터넷 부동산 서비스 품질에 대한 욕구가 점점 높아지고 까다로워지고 있는 현실에서 안정적으로 고객을 확보하기 위한 차별적 수단 및 신뢰 획득과 효율화의 수단으로서의 서비스 품질 강화는 필수적인 요소이다. 최근에 많은 다른 기업들도 서비스 품질을 기업의 가장 효과적인 마케팅 자산으로 인식하고 있으며 높은 서비스 품질의 제공은 시장에서 기업 자신을 효과적으로 포지셔닝시키는 핵심 전략이라고 믿고 있다.

이에 우리나라의 인터넷 부동산 서비스산업이 지속적이며 올바르게 성장하기 위해서는 서비스 마케팅의 관점에서 더 높은 서비스 품질을 고객에게 제공해야 하며 부동산과 인터넷의 특성을 근거로 한 서비스 마케팅 마인드로의 발상의 전환과 이를 통한 구체적이고 지속적인 수익모델의 개발이 요구된다.

제 2 절 연구의 한계 및 향후 연구 방향

1. 연구의 한계점

본 연구는 실증분석 결과 여러 가지 의의가 있으나 다음과 같은 한계점도 지니고 있다.

첫째, 본 연구는 우선 비용과 시간상의 제약으로 편의표본에 대한 자료를 수집하여 분석에 활용함으로써 모집단의 특성을 충분히 반영하지 못했다는 점을 들 수 있다.

둘째, 설문조사 결과에서 나온 데이터의 분석 과정에서 인터넷 이용자들의 인터넷 지식 정도 차이에 의한 결과 변수의 영향력을 반영하지 못했다.

셋째, 인터넷 부동산 서비스 품질에 대한 선행연구의 부재로 인해 인터넷 부동산 서비스 품질의 이론적 고찰과 규명에 어려움이 있었다.

2. 향후 연구 방향

인터넷 부동산 서비스 품질이 다양한 결과 변수에 영향을 미치고 있음에도 불구하고 기술수용모형과 고객만족모형에 국한하여 인과관계를 분석하였다. 이후의 연구에서는 브랜드 이미지, 충성도, 인지도 등의 다른 결과 변수들에 대한 연구를 진행시킬 필요성을 느낀다.

또한 이러한 서비스 품질척도 개발과 상호 인과관계 분석은 인터넷 부동산 서비스산업에서뿐만 아니라 모든 부동산 서비스 관련 산업, 구체적으로 임대주택의 주거 서비스와 부동산 유통시장에서의 중개 서비스의 품질척도 개발과 상호 인과관계 분석을 통해 관련 산업의 정책 개발 시 참고자료로 활용할 가치가 충분히 있다고 본다.

| 참고문헌 |

1. 국내문헌

가. 단행본

김계수(2004), 「AMOS 구조방정식모형분석」, SPSS 아카데미.

김계수, 강병서(2001), 「사회과학 통계분석」, 테이터솔루션.

강병기, 유선종, 장희순(2002), 「부동산 인터넷 마케팅」, 부연사.

김용창(2004), 「한국의 토지 주택정책」, 부연사.

김진우(2000), 「인터넷비즈니스.COM」, 영진출판사.

노형진(2003), 「SPSS/Amos에 의한 사회조사분석」, 형설출판사.

마은경, 장명희(2003), 「인터넷과 전자상거래」, 대경.

문병준, 김재범(2000), 「인터넷 비즈니스」, 경문사.

박범조, 권순범(2001), 「경제경영과 PC활용」, 법문사.

박종의(2004), 「e-비즈니스 시대의 마케팅론」, 글로벌.

안광호 · 하영원 · 박흥수(2004), 「마케팅원론」, 학현사.

안일태, 윤석진, 정부연, 김진영(2000), 「인터넷 중개업의 시장구조분석」,
        정보통신정책연구원.

안정근(2004), 「현대부동산학」, 법문사.

이두희(2004), 「통합적 인터넷 마케팅」, 박영사.

이성근, 배수현, 김준환(1994), 「다차원 척도와 컨조인트 분석」,
        데이터리서치.

이영희(2003), 「에센스 서비스마케팅」, 청목출판사.

이유재(2004), 「서비스마케팅」, 학현사.

이재규, 권순범, 김우주 외 3명 편저(2002), 「전자상거래 원론」, 법영사.

이훈영(2002), 「e-마케팅플러스」, 무역경영사.

임종원·조호현·신종칠(2002), 「마케팅조사론」, 법문사.

조주현(2004), 「부동산학 원론」, 건국대학교출판부.

주우진·김재범(2002), 「인터넷마케팅」, 경문사.

한국인터넷마케팅연구회(2002), 「인터넷마케팅」, 삼우사.

나. 논 문

강도원(2004), "인터넷상거래의 물류서비스 품질과 고객만족, 관계품질 및 재구매 의도에 관한 연구", *박사학위논문.*

김계수(2002), "인터넷 포털사이트의 서비스 품질 전략에 관한 연구", *경영학연구,* 제31권, pp.191-209.

김상우(2002), "인터넷쇼핑몰 특성과 관계품질 및 고객애호도의관계", *Journal of Business Research,* 제17권 4호, pp.247-273.

김성엽(2003), "인터넷 웹사이트 품질의 결정 요인과 그 영향에 관한 연구", *상품학 연구,* 제29권, pp.233-258.

김윤석(2003), "지각된 e-Service 품질과 가치가 고객충성도에 미치는 영향에 대한 연구", *박사학위논문.*

김종호·신용섭(2001), "서비스 품질 서비스가치, 만족, 관계의 질 및 재이용의 도의 구조적 관계", *마케팅과학 연구,* 제8집, pp.451-473.

김현경, 이문규, 김해룡(2001), "인터넷 포털사이트에 대한 사용자 평가 측정도구의 개발", *The Journal of Korean Institute of CALS/EC,* Vol.6, No.3, pp.127-148.

박명호·김상우·장영혜(2003), "인터넷 쇼핑몰의 서비스 품질 결정 요인에 관한 연구", *Journal of Business Research,* 제18권 1호, pp.25-48.

박성수(1999), "서비스마케팅 효율성 제고 방안에 관한 연구", *관광 정보 연구,* 제4호, pp.71-102.

박정은·이성호·채서일(1998), "서비스 제공자와 소비자 간의 관계의질이 만족과 재구매 의도 관계에 미치는 조정역할에 관한 탐색적 연구", 마케팅 연구, 13권 제2호, pp.119-139.

박정훈·손소영(2000), “지식정보 품질 향상을 위한 경로 분석 및 SERVQUAL”, *품질경영학회*, 제28권 3호, pp.145-154.

송종태(2004), “서비스 품질이 고객만족과 재구매 의도 및 구전 커뮤니케이션에 미치는 영향”, *박사학위논문*.

송창석·신종칠(1999), “인터넷상의 상호 작용성 제고 방안에 관한 연구”, *마케팅 연구*, 9월, 14(33), pp.69-95.

송창석·신종칠(2003), “소비자의 인터넷 쇼핑 이용의도 형성에 관한 연구”, *대한경영학회지*, pp.713-734.

신종칠(2004), “서비스 제공자특성, 서비스 및 소비자 특성이 관계 혜택에 미치는 영향에 관한 연구”, *한국소비자학회*, 제15권 제3호, pp.133-153.

이국철(2005), “부동산전자상거래 사례분석 및 적용에 관한 연구”, 정보기술연구, 제11집, pp.45-77.

이국철·강병기(2005), “부동산 전자상거래의 단계적 적용방안 연구”, *부동산학보*, pp.111-131.

이문규(1999), “서비스 충성도의 결정 요인에 관한 연구”, *마케팅연구*, 14(1), pp.21-45.

이문규(2002), “e-SERVQUAL: 인터넷 서비스 품질의 소비자 평가 측정도구”, *마케팅연구*, 3월, 17(1), pp.73-95.

이문규, 이기동, 김해룡(2001), “인터넷 방송의 서비스 품질에 관한 시청자 평가 측정도구”, 광고학 연구, 제12권 3호, pp.105-123.

전동매(2004), “인터넷 쇼핑몰 고객관계의 질에 대한 서비스 품질 차원별 영향 및 이용기간의 조절역할”, *박사학위논문*.

정기한·오재신(2001), “인터넷 쇼핑몰의 서비스 품질 차원과 지각된 위험에 관한 연구”, *마케팅 과학 연구*, 제7집, pp.239-259.

정지영·조재립(2002), “구조방정식을 이용한 고객만족지수 개발과 고객 의사 결정에의 활용방안에 관한 연구”, *품질경영학회*, pp.146-152.

2. 외국문헌

Agarwal, Ritu and Jayesh Prasad(1998), "The Antecedents and Consequence of User Perceptions in Information Technology Adoption", *Decision Support Systems*, Vol.22, pp.15-29.

Anderson, Eugene W.(1998), "Customer Satisfaction and Word of Mouth", *Journal of Service Research*, 1(1), 5-17.

Anderson, Rolph E. and Srini S. Srinivasan(2003), "E-satisfaction and E-Loyalty: A Contingency Framework", *Psychology & Marketing*, Vol.20, No.2, pp.123-138.

Ballantine, Paul W.(2005), "Effects of Interactivity and Product Information on Consumer Satisfaction in an Online Retail Setting", *International Journal of Retail & Distribution Management*, Vol.33, No.6/7, pp.461-471.

Cai, Shaohan and Minjoon Jun(2003), "Internet User's Perceptions of Online Service Quality: A Comparison of Online Buyers and Information Searchers", *Managing Service Quality*, Vol.13, No.6, pp.504-519.

Chen, Qimei and Willam D. Wells(1999), "Attitude toward the Site", *Journal of Advertising Research*, Vol.40, No.5, pp.27-37.

Cho, Namjae and Sanghyuk Park(2001), "Developing of Electronic Commerce User-Consumer Satisfaction Index(ECUSI) for Internet Shopping", *Industrial Management & Data Systems*, Vol.101, No.8/9, pp.400-405.

Cook, D. and Coupey E.(1998), "Consumer Behavior and Unresolved Regulatory Issues in Electronic Marketing", *Journal of Business Research*, Vol.41, No.3, pp.231-238.

Cox, J. and B. G. Dale(2001), "Service Quality and E-commerce: An Exploratory Analysis", *Managing Service Quality*, Vol.11,

No.2, pp.121-131.

Czepiel, John A.(1990), "Service Encounters and Service Relationships: Implications for Research", *Journal of Business Research*, 20, 13-21.

Davis, Fred D.(1989), "Perceived Usefulness, Perceived Ease of Use and User Acceptance of Information Technology", *MIS Quarterly*, September, pp.319-340.

Davis, Fred D., Richard P. Bagozzi and Paul R. Warshaw(1989), "User Acceptance of Computer Technology: A Comparison of Two Theoretical Models", *Management Science*, Vol.35 No.8, August, pp.982-1003.

Dickerson, Mary Dee and James W. Gentry(1983), "Characteristics of Adopters and Non-Adopters of Home Computers", *Journal of Consumer Research*, Vol.10 September, pp.225-235.

Gefe D.(2002), Customer Loyalty in E-Commerce, *Journal of the Association for Information System 3*, pp.27-51.

J. Cox and B. G. Dale(2001), "Service quality and e-commerce: An exploratory analysis", *Managing Service Quality*, Vol.11 No.2, pp.121-131

James E. Littlefield, Yeqing Bao, Don L. Cook.(2000), "Internet realestate information: are home purchasers paying attention to it?", *The Journal of Consumer Marketing*, Vol.17, Iss.7.

Nunnally, Jun C.(1967), Psychometric Theory, New York: McGraw-Hill.

Philip J. Trocchia and Swinder Janda(2003), "How do consumersevaluate Internet retail service quality?", *The Journal of Services Marketing*, Vol.17 No.3, pp.243-250.

Rolph E. Anderson and Srini S. Srinivasan(2003), "E-Satisfaction and E-Loyalty: A Contingency Framework", *Psychology & Marketing*, Vol.20, No.2, pp.123-127.

Shaohan Cai and Minjoon Fun.(2003), "Internet users' perceptions of online service quality: a comparison of online buyers and information searchers", *Managing Service Quality*, Vol.13 No.13. pp.504−506.

Trocchia, Philip J. and Swinder Janda(2003), "How do consumers evaluate Internet retail service quality?", *The Journal of Services Marketing*, Vol.17 No.3, pp.243−250.

Watson, Richard T., Leyland F. Pitt & C. B. Kavan(1998), "Measuring Information System Service Quality: Lessons from Two Longitudinal Case Studies", *MIS Quaterly*, March, pp.61−79.

Wolfinbarger, Mary and Mary C. Gilly(2003), "eTailQ: Dimensionalizing, Measuring and Predicting eTail Quality", *Journal of Retailing*, Vol.79, No.3, pp.183−198.

Yang, Zhillin, Robin T. Peterson and Shaohan Cai(2003), "Service Quality Dimensions of Internet Retailing: An Exploratory Analysis", *The Journal of Services Marketing*, Vol.17, No.6/7, pp.685−700.

Sunil Erevelles, Shuba Srinivasan and Steven Rangel(2003), "Consumer Satisfaction for Internet Service Providers: An Analysis of Underlying Processes" *Information Technology and Management*, Vol.4 No.1.

Zeithaml, Valarie A.(1981), "How Consumer Evaluation Processes Differ between Good and Services", In *Marketing of Services*, Donnelly, James H. and William R. George (eds), Chicago: IL American Marketing Association, 186−190.

Zhilin Yang and Minjoon Jun(2002), "Consumer Perception of E−Service Quality: From Internet Purchaser and Non−Purchaser Perspectives", *Journal of Business Strategies*, Vol.19, pp.69−89. pp.19−41.

Zhilin Yang, Robin T. Peterson, Shaohan Cai.(2003), "Services quality dimensions of Internet retailing: an exploratory analysis", *The Journal of Services marketing*, Vol.17, No.7, pp.686−696.

3. 웹사이트

eMarketer: www.emarketer.com

건설교통부: www.moct.go.kr

구　글: www.google.co.kr

국민은행: www.kbstar.com

네이버부동산: www.naver.com

다음부동산: www.daum.net

닥터아파트: www.drapt.com

랭키닷컴: www.rankey.com

리얼터닷컴: www.realtor.com

부동산114: www.r114.co.kr

부동산뱅크: www.neonet.co.kr

부동산써브: www.serve.co.kr

부동산투유: www.rtou.com

스피드뱅크: www.speedbank.co.kr

야후부동산: www.yahoo.co.kr / www.yahoo.com

유니에셋: www.uniasset.com

정보통신부: www.mic.go.kr

조인스랜드: www.joinsland.com

텐커뮤니티: www.ten.co.kr

통계청: www.nso.go.kr

한국인터넷진흥원: www.nida.or.kr

한국정보보호진흥원: www.kisa.or.kr

• 저자 •

최민섭
(崔敏燮)

•약 력•

한양대학교 공과대학 졸업
연세대학교 경영학 석사(마케팅 전공)
건국대학교 부동산학 석사(부동산 경영관리 전공)
건국대학교 부동산학 박사(부동산 기업경영 전공)

(현) 서울벤처정보대학원대학교 부동산학과 교수
(현) 건설교통부 부동산통계 자문위원
(현) 건설교통부 민원제도개선협의회 위원
건국대학교 부동산대학원 강사
숙명여자대학교 강사
경기대학교 강사
(주) 유니에셋 CIO / 상무이사
(주) 아이디코리아컴 대표이사
인터페이스 한국지사 지사장

•주요논저•

「부동산 정보산업의 실태파악을 통한 제도 개선방안 연구」
「부동산 시세정보의 유통현황과 발전방향」
「인터넷부동산서비스 품질이 마케팅 성과에 미치는 영향에 관한 연구」
「인터넷부동산서비스 품질척도(Re-SERVQUAL)의 개발 및 상호인과관계
 분석에 관한 연구」
「인터넷부동산서비스 품질이 재방문의도에 미치는 영향에 관한 연구」
「인터넷 마케팅을 통한 효율적인 부동산 웹사이트 구축방안에 관한 연구」
「디자인이 구매의사결정에 미치는 영향에 관한 연구」
외 다수

인터넷 부동산 서비스

• 초판 인쇄	2007년 11월 30일
• 초판 발행	2007년 11월 30일
• 지 은 이	최민섭
• 펴 낸 이	채종준
• 펴 낸 곳	한국학술정보㈜
	경기도 파주시 교하읍 문발리 513-5
	파주출판문화정보산업단지
	전화 031) 908-3181(대표) · 팩스 031) 908-3160
	홈페이지 http://www.kstudy.com
	e-mail(출판사업부) publish@kstudy.com
• 등 록	제일산-115호(2000. 6. 19)
• 가 격	12,000원

ISBN 978-89-534-7839-8 93320 (Paper Book)
　　　 978-89-534-7840-4 98320 (e-Book)